Ausführliches Verzeichniß der

Guttentag'schen Sammlung

Deutscher Reichs- und Preußischer Gesetze,

Text-Ausgaben mit Anmerkungen — Taschenformat,

welche alle wichtigeren Gesetze in absolut zuverlässigen Gesetzestexten und in mustergiltiger Weise erläutert enthält, befindet sich hinter dem Sachregister.

Guttentag'sche Sammlung
Nr. 24. Preußischer Gesetze. Nr. 24.
Text-Ausgaben mit Anmerkungen.

Die Hinterlegungsordnung

vom 14. März 1879

in der Fassung des Preußischen Ausführungsgesetzes zum Bürgerlichen Gesetzbuche

vom 20. September 1899

nebst Ausführungsbestimmungen.

Text-Ausgabe mit Anmerkungen und Sachregister

unter Benutzung

der amtlichen Erlasse und Entscheidungen des Herrn Finanzministers in Hinterlegungssachen (Berlin 1895)

von

Dr. Georg Bartels,

Regierungsassessor.

Berlin 1900.

J. Guttentag, Verlagsbuchhandlung,

G. m. b. H.

Vorwort.

Die Hinterlegungsordnung vom 14. März 1879 hat nicht nur durch das preußische Ausführungsgesetz z. BGB. vom 20. September 1899 mannigfache Abänderungen und Zusätze erhalten, welche im Texte durch Fettdruck hervorgehoben sind, sondern das Bürgerliche Gesetzbuch selbst hat in den §§ 372—386 die Hinterlegung zwecks Befreiung von einer Schuldverbindlichkeit neu geregelt und enthält auch in den §§ 232—235 Bestimmungen über die Sicherheitsleistung durch Hinterlegung von Geld- oder Werthpapieren. Daneben sind an den verschiedensten Stellen des BGB. Einzelbestimmungen vorhanden, welche das Hinterlegungswesen betreffen. Alle diese Anordnungen sind ausführlich in den Anmerkungen zu § 18 dieser Ausgabe zusammengestellt. Desgleichen findet sich in den Bemerkungen zu § 14 eine Aufführung der wichtigsten Reichs- und Preußischen Gesetze unter Hinweis auf die betreffenden Paragraphen, in welchen eine Hinterlegung sei es auf Anordnung, sei es von Amts wegen überhaupt statthat. Die §§ 47a—51 behandeln die Hinterlegung von Inhaber- und Orderpapieren durch den

Vormund und enthalten gleichfalls Hinweise auf die einschlägigen Paragraphen des BGB.

Der Unterzeichnete, selbst durch mehrere Jahre als Hinterlegungsdecernent bei der Königlichen Regierung thätig, hat bei seinen Bemerkungen nicht nur die in einer amtlichen, als Manuskript gedruckten Ausgabe, gesammelten Erlasse und Entscheidungen des Herrn Finanzministers in Hinterlegungssachen, sowie andere ihm bekannte Verfügungen der Beschwerdeinstanz berücksichtigt, sondern auch namentlich in den Anmerkungen zu den §§ 22 und 24 häufige in der Praxis immer wiederkehrende Einzelfälle aufgeführt, in denen erfahrungsmäßig immer dieselben Anstände gegen die Anträge auf Auszahlung zu erheben sind. Alles dies läßt den Verfasser hoffen, daß die Ausgabe nicht nur für die Hinterlegungsstellen und Gerichte, sondern auch für die Hinterlegungsbetheiligten selbst, bezw. ihre Rechtsbeistände ein brauchbares Nachschlagebuch abgeben wird.

Breslau, im Juli 1900.

Der Verfasser.

Inhalts-Verzeichniß.

Abkürzungen.

Ausf.Best. = Ausführungsbestimmungen zur Hinterlegungsordnung v. 29. 7. 1879.

AG. z. BGB. = Preußisches Ausführungsgesetz zum Bürgerlichen Gesetzbuch.

AG. z. GVG. = Preuß. Ausführungsgesetz zum Gerichtsverfassungsgesetz.

ALR. = Allgemeines Landrecht.

BGB. = Bürgerliches Gesetzbuch.

Begr. z. Art. 82 u. 83 AG. z. BGB. = Begründung zu dem Entwurfe eines Preußischen Ausführungsgesetzes zum Bürgerlichen Gesetzbuche in Nr. 34 der Sammlung sämmtlicher Drucksachen des Hauses der Abgeordneten aus der XIX. Legislaturperiode I. Session 1899.

CPO. = Civilprozeßordnung.

EG. z. BGB. = Einführungsgesetz zum Bürgerlichen Gesetzbuche.

Erlasse = Erlasse und Entscheidungen des Finanzministers in Hinterlegungssachen, Berlin 1895.

GS. = Preußische Gesetzsammlung.

HGB. = Handelsgesetzbuch.

JMBl. = Justizministerialblatt.

KO. = Konkursordnung.

Motive = Begründung des Entwurfs zur Hinterlegungsordnung in Nr. 8 der Sammlung sämmtlicher Drucksachen des Abgeordnetenhauses aus der XIII. Legislaturperiode III. Session 1878/79.

PVBl. = Preußisches Verwaltungsblatt.

RG. = Entscheidungen des Reichsgerichts in Civilsachen.

VMBl. = Ministerialblatt für die innere Verwaltung.

WO. = Wechselordnung.

ZVG. = Reichsgesetz betr. die Zwangsversteigerung und die Zwangsverwaltung.

Hinterlegungsordnung.

Vom 14. März 1879.

(GS. 1879 Nr. 16 S. 249—271.)
Abgedruckt mit den Abänderungen und Zusätzen der Artikel 84 u. 85 des AG. z. BGB. v. 20. Septbr. 1899 (GS. S. 177 ff.).

Erster Abschnitt.

Hinterlegung von Geld, Werthpapieren und Kostbarkeiten.

Erster Titel.

Allgemeine Bestimmungen.

§. 1.

Hinterlegungsstellen.

Für die Hinterlegung:[1])

1. von Geld,
2. von Werthpapieren auf Inhaber,
3. von Werthpapieren auf Namen, auf welche die Zahlung dem Inhaber geleistet werden kann,[2])
4. von Kostbarkeiten

werden als Hinterlegungsstellen die Bezirksregierungen, in der Provinz Hannover die Regierungen in Hannover, Lüneburg und Osnabrück bestimmt.[3]) auch [6]) [7]) [8])

Als Kassen der Hinterlegungsstellen dienen die Regierungshauptkassen,[4]) in den Hohenzollernschen Landen die Landeskasse in Sigmaringen, in der Provinz Hannover die Bezirkshauptkassen.[5])

1. Für die Bearbeitung der Hinterlegungsangelegenheiten sind seitens des Herrn Finanzministers erlassen: die Ausf.Best. v. 29. 7. 1879 (JMBl. S. 327) und die allgem. Verf. v. 13. 5. 1886 (JMBl. S. 140) und die allgem. Verf. des Justizministers v. 21. 8. 1880 (JMBl. S. 197).

2. Wegen Hinterlegung der Inhaberpapiere durch den Vormund siehe §§ 47a, auf Anordnung des Vormundschaftsgerichts § 48, wegen anderer Werthpapiere und Urkunden Anm. 7 zu § 1, sowie Vorbemerkung zu § 87, wegen Hinterlegung von Geld vergleiche § 11. Zu den Werthpapieren zu 3 gehören auch Sparkassenbücher.

3. Früher lautete der Gesetzestext: „Die Finanzdirektion in Hannover und die Landdrosteien in Lüneburg und Osnabrück.“ Die abgedruckte Fassung ergiebt sich aus §§ 2, 25 Landes-Verwaltungs-Ges. v. 30. 7. 1883 (GS. S. 195), § 120 Kreisordnung f. Hannover v. 6. 5. 1884 (GS. S. 219), siehe Nr. 1 Ausf.Best.

4. Für die Hinterlegungskassen gilt die Geschäftsanweisung für die Regierungshauptkassen vom 21. Mai 1887 nebst Nachtrag von 1896 — siehe Nr. 2 Ausf.Best. Siehe auch Anweisung für die Rechnungslegung über die hinterlegten Gelder der Kgl. Ober-Rechnungskammer vom 19. 4. 1880.

5. Die Landeskasse in Sigmaringen heißt jetzt auch Regierungshauptkasse, siehe Erl. v. 28. 6. 1882 (GS. S. 336), desgleichen die Bezirkshauptkassen in Hannover vergl. Anm. 3.

6. Verord. v. 27. 12. 1899 (GS. 1900 S. 1) betr. Bestimmung von Hinterlegungsstellen f. die Fürstenthümer Waldeck und Pyrmont. In Helgoland gilt die Hinterl.-Ordnung seit dem 1. 4. 1891, siehe Verordn. v. 22. 3. 1891 zu § 1 II 8 (GS. S. 39 ff.).

7. Außer den nach § 1 zur Hinterlegung für Geld, Werthpapiere auf Inhaber, Werthpapiere auf Namen, auf welche die Zahlung dem Inhaber geleistet werden kann, sowie Kostbarkeiten sind zur Hinterlegung im Sinne der §§ 432, 1217, 1281, 2039 BGB. geeignete Sachen noch andere Werthpapiere, sowie sonstige Urkunden. (Siehe §§ 232, 372, 383, 489, 660, 1077, 1082, 1171, 1392, 1667, 1716, 1814, 1818, 1960, 2114, 2116 BGB.) Für letztere sind die Amtsgerichte die Hinterlegungsstellen. (Siehe Vorbemerkungen zu § 87.)

8. Art. 85 des AG. z. BGB. bestimmt folgendes:

„Für die Hinterlegung von Werthpapieren in den Fällen der §§. 1082, 1392, 1667, 1814, 1818, 2116 des Bürgerlichen Gesetzbuches können durch Anordnung der zuständigen Minister auch die Seehandlung, die Preußische Central-Genossenschaftskasse oder eine sonstige Preußische öffentliche Bankanstalt (Landesbank, landschaftliche, ritterschaftliche Darlehnskasse u. s. w.) sowie die von Kreditanstalten der im Artikel 17 §. 2 Abs. 2 bezeichneten Art eingerichteten Verwahrungs- oder Verwaltungsstellen und im Falle des Bedürfnisses geeignete Preußische Privatbanken als Hinterlegungsstellen bestimmt werden.“

Hierzu sind folgende beiden gemeinschaftlichen Erlasse vom 17. und 18. Dezember 1899 (JMBl. S. 805) ergangen:

Auf Grund des Art. 85 AG. z. BGB. werden für die Hinterlegung von Werthpapieren in den Fällen der §§ 1082, 1392, 1667, 1814, 1818, 2116 BGB. folgende Anstalten als Hinterlegungsstellen bestimmt:

1. die Seehandlung in Berlin,
2. die Preußische Central-Genossenschaftskasse in Berlin,
3. die Ostpreußische landschaftliche Darlehnskasse in Königsberg,
4. die Westpreußische landschaftliche Darlehnskasse in Danzig,
5. die Kur- und Neumärkische Ritterschaftliche Darlehnskasse in Berlin,
6. die Pommersche landschaftliche Darlehnskasse in Stettin,
7. die Posener landschaftliche Bank in Posen,
8. die Schlesische landschaftliche Bank in Breslau,
9. die städtische Bank in Breslau,
10. die Kommunalständische Bank für die Preußische Oberlausitz in Görlitz,
11. die Landschaftliche Bank der Provinz Sachsen in Halle a. S.,
12. die Nassauische Landesbank in Wiesbaden,
13. die Landeskreditkasse in Kassel,
14. die Landesbank der Rheinprovinz in Düsseldorf sowie
15. die Spar- und Leihkasse für die Hohenzollern'schen Lande in Sigmaringen;

.. bezw. wird ... die Frankfurter Bank in Frankfurt a. M. als Hinterlegungsstelle bestimmt. Siehe auch Anm. zu § 47a, 48 u. Anm. 9 u. 10 zu § 18.

9. Wegen Anlegung von Mündelgeld bei einer öffentlichen Sparkasse siehe Art. 75 § 1 u. 2 AG. z. BGB. und wegen Anlegung bei der Centralgenossen-

schaftskasse und anderen öffentlichen Bankanstalten siehe Art. 76 AG. z. BGB. und die Erlasse des Ministers des Innern v. 4. 11. 1899 u. 14. 11. 1899, BMBl. S. 190 u. 234, und Bedingungen der Centralgenossenschaftskasse v. 15. 1. 1900 und der Seehandlung, BMBl. S. 191.

§. 2.

Berliner Hinterlegungsstelle.

Außerdem wird in Berlin[1]) eine Behörde als Hinterlegungsstelle für die Hinterlegung der im §. 1 bezeichneten Gegenstände durch gemeinschaftliche Anordnung des Finanzministers und des Justizministers bestimmt.

1. Durch Erl. des Justiz- und Finanzministers vom 31. 7. 1879 (JMBl. S. 216 ff.) ist für Berlin die Ministerial-, Militär- und Baukommission daselbst als Hinterlegungsstelle und die unter ihr stehende vereinigte Konsistorial-, Militär- und Baukasse als Hinterlegungskasse bestimmt.

§. 3.

Bezirke der Hinterlegungsstellen.

Die Bezirke[1]) der Hinterlegungsstellen sind nach Gerichtsbezirken abzugrenzen.

Die Bestimmung der Bezirke erfolgt durch gemeinschaftliche Anordnung des Finanzministers und des Justizministers. Sie ist durch dauernden Aushang an der Gerichtstafel der Amtsgerichte dieses Bezirks und durch Einrückung in die innerhalb desselben erscheinenden Amtsblätter bekannt zu machen.[2])

1) Bestimmung der Bezirke der Hinterlegungsstellen. — In Ausführung des § 3 der Hinterlegungsordnung (GS. 1879 S. 249) werden den Hinterlegungsstellen die nachstehend bezeichneten Gerichtsbezirke zugewiesen:

der Regierung zu Königsberg:
die Bezirke der Landgerichte zu Allenstein, Bartenstein, Braunsberg, Königsberg, von dem Bezirk des Landgerichts zu Tilsit die Bezirke der Amtsgerichte zu Memel, Prökuls;

der Regierung zu Gumbinnen:
die Bezirke der Landgerichte zu Insterburg, Lyck, von dem Bezirk des Landgerichts zu Tilsit die Amtsgerichte zu Heinrichswalde, Heydekrug, Kaukehmen, Ragnit, Ruß, Skaisgirren, Tilsit;

der Regierung zu Danzig:
der Bezirk des Landgerichts zu Danzig, von dem Bezirke des Landgerichts zu Elbing die Bezirke der Amtsgerichte zu Elbing, Marienburg, Tiegenhof;

der Regierung zu Marienwerder:
die Bezirke der Landgerichte zu Graudenz, Konitz, Thorn, von dem Bezirk des Landgerichts zu Elbing die Bezirke der Amtsgerichte zu Christburg, Deutsch-Eylau, Riesenburg, Rosenberg in Westpreußen, Stuhm, von dem Bezirke des Landgerichts zu Schneidemühl die Bezirke der Amtsgerichte zu Deutsch-Crone, M. Friedland, Jastrow, Schloppe;

der Ministerial-, Militär- und Bau-Kommission zu Berlin:
der Bezirk des Landgerichts zu Berlin I., von dem Bezirk des Landgerichts zu Berlin II. die Bezirke der Amtsgerichte zu Berlin, Charlottenburg, Rixdorf;

der Regierung zu Potsdam:
die Bezirke der Landgerichte zu Potsdam, Prenzlau, Neu-Ruppin, von dem Bezirk des Landgerichts Berlin II. die Bezirke der Amtsgerichte Alt-Lands-

berg, Bernau, Coepenick, Königs-Wusterhausen, Liebenwalde, Mittenwalde, Nauen, Oranienburg, Spandau, Straußberg, Zossen, von dem Bezirk des Landgerichts zu Frankfurt a. O. die Bezirke der Amtsgerichte Beeskow, Buchholz, Storkow;

der Regierung zu Frankfurt a. O.:

die Bezirke des Landgerichts zu Cottbus, Guben, Landsberg a. W., von dem Bezirk des Landgerichts in Frankfurt a. O., die Bezirke der Amtsgerichte zu Drossen, Frankfurt a. O., Fürstenwalde, Müncheberg, Reppen, Seelow, Sonnenburg, Zielenzig;

der Regierung zu Stettin:

die Bezirke der Landgerichte zu Stettin, von dem Bezirk des Landgerichts zu Greifswald die Bezirke der Amtsgerichte zu Anklam, Demmin, Treptow a. T., von dem Bezirk des Landgerichts in Stargard die Bezirke der Amtsgerichte zu Gollnow, Greifenberg i. P., Jakobshagen, Labes, Massow, Naugard, Nörenberg, Pyritz, Regenwalde, Stargard, Treptow a. R.;

der Regierung zu Cöslin:

die Bezirke der Landgerichte zu Cöslin, Stolp, von dem Bezirk des Landgerichts zu Stargard die Bezirke der Amtsgerichte Callies, Dramburg, Falkenburg;

der Regierung zu Stralsund:

von dem Bezirke des Landgerichts zu Greifswald die Bezirke der Amtsgerichte zu Barth, Bergen, Franzburg, Greifswald, Grimmen, Loitz, Stralsund, Wolgast;

der Regierung zu Posen:

die Bezirke der Landgerichte zu Lissa, Meseritz, Ostrowo, Posen, von dem Bezirk des Landgerichts zu Gnesen der Bezirk des Amtsgerichts zu Wreschen;

der Regierung zu Bromberg:

der Bezirk des Landgerichts zu Bromberg, von dem Bezirk des Landgerichts zu Gnesen die Bezirke der

Amtsgerichte zu Gnesen, Mogilno, Tremessen, Wongrowitz, von dem Bezirk des Landgerichts zu Schneidemühl die Bezirke der Amtsgerichte zu Czarnikau, Filehne, Kolmar i. P., Lobsens, Margonin, Nakel, Schneidemühl, Schönlanke, Wirsitz;

der Regierung zu Breslau:

die Bezirke der Landgerichte zu Breslau, Glatz, Oels, Schweidnitz, von dem Bezirk des Landgerichts zu Brieg die Bezirke der Amtsgerichte zu Brieg, Löwen, Ohlau, Strehlen, Wansen, von dem Bezirk des Landgerichts zu Glogau die Bezirke der Amtsgerichte zu Guhrau, Herrnstadt, Steinau;

der Regierung zu Liegnitz:

die Bezirke der Landgerichte zu Görlitz, Hirschberg, Liegnitz, von dem Bezirk des Landgerichts zu Glogau die Bezirke der Amtsgerichte zu Beuthen a.O., Carolath, Freistadt, Glogau, Grünberg, Halbau, Neusalz, Polkwitz, Priebus, Sagan, Sprottau;

der Regierung zu Oppeln:

die Bezirke der Landgerichte zu Gleiwitz, Neiße, Oppeln, Ratibor, Beuthen, von dem Bezirk des Landgerichts zu Brieg der Bezirk des Amtsgerichts zu Grottkau;

der Regierung zu Magdeburg:

die Bezirke der Landgerichte zu Halberstadt, Magdeburg, Stendal;

der Regierung zu Merseburg:

die Bezirke der Landgerichte zu Halle a. d. S., Naumburg a. d. S., Torgau, von dem Bezirk des Landgerichts zu Nordhausen die Bezirke der Amtsgerichte zu Artern, Heringen, Kelbra, Roßla, Sangerhausen, Stolberg a. H.;

der Regierung zu Erfurt:

der Bezirk des Landgerichts zu Erfurt, von dem Bezirk des Landgerichts zu Nordhausen die Bezirke der Amtsgerichte zu Bleicherode, Dingelstedt, Ellrich,

Großbodungen, Heiligenstadt, Nordhausen, Worbis, außerdem die Bezirke der Amtsgerichte zu Schleusingen, Suhl, Ranis, Ziegenrück;

der Regierung zu Schleswig:

der Bezirk des Oberlandesgerichts zu Kiel;

der Regierung zu Hannover:

der Bezirk des Landgerichts zu Göttingen, von dem Bezirk des Landgerichts zu Hannover die Bezirke der Amtsgerichte zu Calenberg, Coppenbrügge, Hameln, Hannover, Lauenstein, Münden, Neustadt a. R., Polle, Springe, Wennigsen, von dem Bezirk des Landgerichts zu Hildesheim die Bezirke der Amtsgerichte zu Alfeld, Bockenem, Elze, Goslar, Hildesheim, Liebenburg, Peine, von dem Bezirk des Landgerichts zu Osnabrück der Bezirk des Amtsgerichts zu Diepholz, von dem Bezirk des Landgerichts zu Verden die Bezirke der Amtsgerichte zu Bassum, Bruchhausen, Hoya, Nienburg, Stolzenau, Sulingen, Syke, Uchte, von dem Bezirk des Landgerichts zu Nordhausen der Bezirk des Amtsgerichts zu Ilfeld;

der Regierung zu Lüneburg:

die Bezirke der Landgerichte zu Lüneburg, Stade, von dem Bezirk des Landgerichts zu Hannover der Bezirk des Amtsgerichts zu Burgwedel, von dem Bezirk des Landgerichts zu Hildesheim die Bezirke der Amtsgerichte zu Burgdorf, Fallersleben, Gifhorn, Meinersen, von dem Bezirk des Landgerichts in Verden die Bezirke der Amtsgerichte zu Achim, Ahlden, Blumenthal, Dorum, Geestemünde, Hagen, Lehe, Lesum, Lilienthal, Osterholz, Rotenburg, Verden, Walsrode;

der Regierung zu Osnabrück:

der Bezirk des Landgerichts zu Aurich, von dem Bezirk des Landgerichts zu Osnabrück die Bezirke der Amtsgerichte zu Bentheim, Bersenbrück, Freren,

Fürstenau, Iburg, Lingen, Malgarten, Melle, Meppen, Neuenhaus, Osnabrück, Papenburg, Quakenbrück, Sögel, Wittlage;

der Regierung zu Münster:

der Bezirk des Landgerichts zu Münster;

der Regierung zu Minden:

der Bezirk des Landgerichts zu Bielefeld, von dem Bezirk des Landgerichts zu Paderborn die Bezirke der Amtsgerichte zu Beverungen, Borgentreich, Brakel, Büren, Delbrück, Fürstenberg, Höxter, Lichtenau, Nieheim, Paderborn, Salzkotten, Steinheim, Warburg;

der Regierung zu Arnsberg:

die Bezirke der Landgerichte zu Arnsberg, Dortmund, Hagen, von dem Bezirke des Landgerichts zu Essen die Bezirke der Amtsgerichte zu Bochum, Gelsenkirchen, Hattingen, Wattenscheid, von dem Bezirk des Landgerichts in Paderborn die Bezirke der Amtsgerichte zu Erwitte, Gesecke, Lippstadt, Rüthen;

der Regierung zu Cassel:

der Bezirk des Landgerichts zu Cassel mit Ausschluß der Bezirke der Amtsgerichte zu Arolsen, Corbach, Niederwildungen, der Bezirk des Landgerichts zu Hanau, von dem Bezirk des Landgerichts zu Marburg die Bezirke der Amtsgerichte zu Amöneburg, Borken, Frankenberg, Fronhausen, Homberg, Jesberg, Kirchhain, Marburg, Neukirchen, Neustadt, Oberaula, Rauschenberg, Rosenthal, Treysa, Vöhl, Wetter, Ziegenhain, von dem Bezirk des Landgerichts zu Hannover die Bezirke der Amtsgerichte zu Obernkirchen, Oldendorf, Rinteln, Rodenberg, von dem Bezirk des Landgerichts in Frankfurt a. M. der Bezirk des Amtsgerichts zu Bockenheim, außerdem die Bezirke der Amtsgerichte zu Brotterode, Schmalkalden, Steinbach-Hallenberg;

der Regierung zu Wiesbaden:
der Bezirk des Landgerichts zu Wiesbaden, von dem Bezirk des Landgerichts zu Marburg die Bezirke der Amtsgerichte zu Battenberg, Biedenkopf, Gladenbach, von dem Bezirk des Landgerichts zu Frankfurt a. M. die Bezirke der Amtsgerichte zu Frankfurt a. M., Homburg vor der Höhe, von dem Bezirk des Landgerichts zu Limburg a. d. L. die Bezirke der Amtsgerichte zu Diez, Dillenburg, Ems, Hadamar, Herborn, Limburg a. d. L., Marienberg, Nassau, Rennerod, Runkel, Weilburg, von dem Bezirk des Landgerichts zu Neuwied die Bezirke der Amtsgerichte zu Höhr-Grenzhausen, Hachenburg, Montabaur, Selters, Wallmerod;

der Regierung zu Coblenz:
der Bezirk des Landgerichts zu Coblenz, von dem Bezirk des Landgerichts zu Limburg a. d. L. die Bezirke der Amtsgerichte zu Braunfels, Ehringshausen, Wetzlar, von dem Bezirk des Landgerichts zu Neuwied die Bezirke der Amtsgerichte zu Altenkirchen, Asbach, Daaden, Dierdorf, Ehrenbreitstein, Kirchen, Linz, Neuwied, Wissen;

der Regierung zu Düsseldorf:
die Bezirke der Landgerichte zu Cleve, Düsseldorf, Elberfeld, Duisburg, von dem Bezirk des Landgerichts zu Essen die Bezirke der Amtsgerichte zu Borbeck, Essen, Steele, Werden;

der Regierung zu Cöln:
die Bezirke der Landgerichte zu Bonn, Cöln;

der Regierung zu Trier:
die Bezirke der Landgerichte zu Saarbrücken, Trier;

der Regierung zu Aachen:
der Bezirk des Landgerichts zu Aachen;

der Regierung zu Sigmaringen:
der Bezirk des Landgerichts zu Hechingen.

Berlin, den 31. Juli 1879.

2. Im Allgemeinen ist diejenige Hinterlegungsstelle **örtlich** zuständig, welcher dasjenige Amtsgericht zugewiesen ist, welches im Hinterlegungsfalle gemäß § 76 zur Annahme auf vorläufige Verwahrung verpflichtet ist. (Siehe Motive S. 29 Abs. 3. Siehe auch Art. 144 EG. z. BGB. Siehe auch § 13.)

3. Wegen des **Leistungsortes** bei Hinterlegung zur Befreiung von einer Verbindlichkeit siehe §§ 269, 374 BGB., die Verpflichtung zur Uebersendung an die Hinterlegungsstelle des Wohnsitzes des Gläubigers tritt nicht ein. (§ 270 BGB.) Ein Verstoß gegen § 374 BGB. beeinträchtigt nicht die Wirksamkeit der Hinterlegung, sondern begründet nur Schadensersatzanspruch.

Dasselbe gilt von der Unterlassung der Anzeige, deren Vornahme sich auch bei Unthunlichkeit gegebenenfalls gemäß § 132 BGB. mit Rücksicht auf § 382 BGB. ergiebt.

§. 4.

Aufsichtsbehörde.

Die nach den §§. 1, 2 bestimmten Hinterlegungsstellen sind dem Finanzminister [1]) untergeordnet.[2]) *)

1. Der Finanzminister ist Beschwerdeinstanz, die Beschwerde ist an eine Frist nicht gebunden.

Wegen Verweigerung der Annahme zur vorläufigen Verwahrung durch das Amtsgericht siehe §§ 70 A 3, 86 und 91.

2. Wegen der neuen Fassung siehe Vorbemerkung zu § 87 u. Anm. 7 zu § 1.

---

*) Fassung in der Form des Art. 84 I AG. z. BGB.

§. 5.

Weisungen der Hinterlegungsstelle.

Die Annahme zur Hinterlegung, die Auszahlung hinterlegter Gelder und die Herausgabe von Werthpapieren und Kostbarkeiten erfolgt auf Weisung[1]) der Hinterlegungsstelle.

Die Weisung tritt in den Landestheilen, in welchen nach den bisherigen Vorschriften die Depositare durch Verfügung der Gerichte (Depositalmandat) zur Annahme und zur Auszahlung oder Herausgabe angewiesen werden, an Stelle dieser Verfügung.[2])

1. Siehe Nr. 3. Ausf.Best.

2. Weisung ist nicht zu verwechseln mit Anweisung im Sinne des § 48. Die Weisungen sind Kassenordres, sie bezwecken keine Feststellung der Rechte der Betheiligten, vielmehr setzt die Weisung diese Feststellung voraus.

Wegen der Zuständigkeit der Gerichte und anderer Behörden, zwischen den Betheiligten über die Berechtigung zur Hinterlegung u. s. w. zu entscheiden, siehe § 6.

Die Weisungen haben in schriftlicher Form zu erfolgen; in den Ausgabeanweisungen ist anzugeben, in welchen Beträgen die auszuzahlenden Summen auf das Kapital und das Zinsenguthaben zu verausgaben ist. (Siehe Nr. 5 Ausf.Best. u. Nr. 2 Abs. 2 daselbst.)

Die Annahmebefehle bei Geldzahlungen sind nur in Concept zu fertigen. (Siehe Erl. d. Finanzministers v. 21. 3. 1899 I 1168.) Desgleichen auch bei Werthpapieren Erl. d. Finanzministers v. 8. 6. 1900 I 1406.

§. 6.

Zuständigkeit anderer Behörden.

Die nach den bestehenden Vorschriften begründete Zuständigkeit der Gerichte und anderer[1]) Behörden, zwischen den Betheiligten über die Berechtigung oder die Verpflichtung zur Hinterlegung oder über den Anspruch auf Auszahlung oder Herausgabe zu entscheiden, sowie den Betheiligten gegenüber eine Hinterlegung oder die Auszahlung oder Herausgabe anzuordnen, wird durch die Bestimmungen des §. 5 nicht berührt.

1. Siehe hierzu Anm. zu § 20 u. Anm 3 zu § 14. Ersuchen um Auszahlung durch eine Behörde siehe § 31.

Zweiter Titel.

Hinterlegung von Geld.

§. 7.

Geld.

Das hinterlegte Geld[1]) geht in das Eigenthum[2]) des Staats über.

1. Das Geld muß in der Regel kassenmäßiges sein, siehe § 11.

2. Siehe § 81.

Der Empfangsberechtigte wird Gläubiger; wer empfangsberechtigt ist, hängt von dem Inhalt der Hinterlegungserklärung, von der Entscheidung der berufenen Behörden oder der Parteien ab.

Wegen des Rechtsverhältnisses zwischen Staat und Einzahlenden siehe RG. XI S. 319, XII S. 394 u. 222 ff.

Ueber den Verwahrungsvertrag siehe §§ 688 — 700 BGB.; es finden die Grundsätze über das Darlehn entsprechende Anwendung.

§. 8.

Haftung der Staatskasse.

Die Staatskasse [1]) haftet dem zum Empfang des Geldes Berechtigten für das Kapital zu dem hinterlegten Betrage und für die Zinsen.

1. Wegen Haftung des Fiskus siehe auch §§ 89, 31 BGB.; vergleiche § 32 a 1.

§. 9.

Zinsfuß.

Die Bestimmung des Prozentsatzes, zu welchem das hinterlegte Geld verzinst wird, erfolgt durch Königliche Verordnung.[1]) In gleicher Weise kann der bestimmte Prozentsatz für die Folgezeit erhöht oder herabgesetzt werden.

1. Durch Verordn. v. 21. 5. 1879 (GS. S. 383) ist der Zinsfuß auf $2^1/_2$ Proz. bestimmt.
Siehe aber § 10 wegen der Beträge unter 30 M.

§. 10.

Berechnung der Zinsen.

Beträge unter dreißig Mark werden nicht verzinst, höhere Beträge nur insoweit, als sie mit zehn theilbar sind.

Der Lauf der Zinsen [1]) [2]) beginnt für alle innerhalb eines Monats bewirkten Hinterlegungen mit dem ersten Tage des nächstfolgenden Monats, und hört in Ansehung des auszuzahlenden Betrages mit dem Ablaufe des Monats auf, welcher der Benachrichtigung an den Berechtigten, daß die Kasse zur Auszahlung angewiesen sei, vorhergeht.

Eine Verzinsung der Zinsen findet nicht statt.[3])

1. Wegen Berechnung der Zinsen siehe Nr. 26 Ausf.Best. Vergl. auch §§ 53—56 u. S. 33, 34 u. 37 der Erlasse. Wegen Auszahlung der Zinsen siehe § 22, Anm. 1.

2. Zinsen sind auch weiter zu zahlen, wenn sich nachträglich herausstellt, daß kein gesetzlicher Hinterlegungsgrund vorlag, da für die Zinsenzahlung lediglich die erfolgte Annahme entscheidet. — FMErl. v. 11. 12. 1890 — I 15 333 Erlasse S. 33.

3. Vergl. auch § 63.

§. 11.

Zahlungsmittel.

Geld kann nur in Zahlungsmitteln hinterlegt werden, welche bei den Staatskassen[1]) in Zahlung anzunehmen sind. Anderes als kassenmäßiges Geld ist jedoch anzunehmen, wenn der Schuldner, welcher durch die Hinterlegung von einer Verbindlichkeit sich befreien will, seiner Angabe nach die Verbindlichkeit durch Zahlung solchen Geldes erfüllen darf.[2])

In diesem Fall ist das nicht kassenmäßige Geld in kassenmäßiges umzusetzen und die Staatskasse nur für den bei der Umsetzung als Reinerlös erlangten Betrag verhaftet.

1. Also baares Geld, Reichskassenscheine, Noten der Privatbanken.

Siehe Art. 1, 9, 15, 16 RMünzgesetzes v. 9. 7. 73 (RGBl. S. 233), § 5 RGes. v. 30. 4. 1874 (RGBl. S. 40), § 2 RBankgesetzes v. 14. 3. 1875 (RGBl. S. 177), § 35 Rentenbankgesetzes v. 2. 3. 1850 (GS. S. 112) u. § 44 d. Geschäftsanweisung f. die Reg.-Hauptkassen v. 21. 5. 1887.

2. Sonst gilt § 36 Abs. 2.

§. 12.

Einzahlung.

Die Einzahlung[1]) zur Hinterlegung kann unmittelbar bei der Kasse oder mittels portofreier Einsendung durch die Post geschehen.

Im Fall der Einsendung durch die Post gilt die Einzahlung erst mit dem Eingang bei der Kasse als bewirkt.[2])

1. Vergl. § 44.

Die Gefahr der Uebersendung durch die Post trägt der Hinterleger; erst mit dem Eingange bei der Kasse ist der Schuldner befreit; mit dem Eingange werden gemäß § 19 Abs. 4 die Wirkungen gegen den Gläubiger auf den Zeitpunkt der Aufgabe zur Post zurückbezogen. (Siehe auch § 375 BGB.)

2. Geht Geld ohne Hinterlegungserklärung (§ 14) oder mit ungenügender Erklärung ein, so ist dem Einsender eine kurze Frist zu deren Einsendung zu stellen, nach deren fruchtlosem Ablauf ist das Geld dem Hinterleger auf seine Gefahr portopflichtig zurückzusenden.

§. 13.

Kassenstunden.

Für die Einzahlungen unmittelbar bei der Kasse

kann die Hinterlegungsstelle bestimmte Tage und Stunden festsetzen.[1]) Auf die Bekanntmachung der Festsetzung findet die Vorschrift des §. 3 Abs. 2 entsprechende Anwendung.

In dringenden Fällen ist die Einzahlung während der gewöhnlichen Geschäftsstunden[2]) jederzeit zuzulassen.[3])

1. Siehe Nr. 10 bis 12 Ausf.Best. Der Kassenrath und der Dezernent für Hinterlegungssachen müssen während der für den Kassenverkehr bestimmten Stunden an den Hinterlegungstagen im Dienstgebäude sein.

2. Hierunter sind nur die Stunden zu verstehen, während deren die Kasse nach der Geschäftsordnung für die eigentlichen Einnahme- und Ausgabegeschäfte gewöhnlich geöffnet ist. (Siehe FMErl. v. 7. 8. 1886 I 10 670.)

3. Wegen der vorläufigen Verwahrung siehe §§ 73 u. 74.

§. 14.

Hinterlegungserklärungen.

Die Einzahlung oder Einsendung des Geldes kann ohne vorgängiges Gesuch erfolgen. Erfolgt sie ohne vorgängiges Gesuch, so ist eine schriftliche Erklärung in zwei Exemplaren bei der Einzahlung vorzulegen oder bei der Einsendung gleichzeitig einzusenden.

Die Erklärung[1]) muß enthalten:

1. Namen, Stand oder Gewerbe und Wohnort des Hinterlegers und, falls die Hinterlegung

in dessen Vertretung[2]) von einer anderen Person bewirkt wird, Namen, Stand oder Gewerbe und Wohnort dieser Person;

2. den Betrag des hinterlegten Geldes und, wenn anderes als kassenmäßiges Geld hinterlegt wird, die Angabe der Geldsorten;

3. die bestimmte Angabe der Veranlassung zur Hinterlegung und, sofern die Rechtsangelegenheit, in welcher die Hinterlegung erfolgt, bei einer Behörde anhängig ist, insbesondere auch die Bezeichnung der Sache und der Behörde.[3]) [4])

In der Erklärung ist, soweit es thunlich, die Person, an welche der hinterlegte Betrag ausgezahlt werden soll, nach Namen, Stand oder Gewerbe und Wohnort zu bezeichnen.

Siehe §§ 19 u. 20. Besondere Erfordernisse bei Einreichung der Erklärung, aber § 50.

1. Wesen der Erklärung siehe Motive S. 38 zu §§ 20 u. 21. Wegen der Formulare zu Hinterlegungserklärungen siehe Nr. 4 Ausf.Best. (JMBl. 1879 S. 332 ff.) Die Unterschrift unter der Erklärung ist nicht wesentlich, falls der Name des Hinterlegers bezw. seines Vertreters aus Nr. 1 der Erklärung ersichtlich ist.

2. An sich braucht der Vertreter einer Partei zur Hinterlegung keine Vollmacht u. s. w. beizubringen. Er ist aber zur Empfangnahme bei Auszahlungen für den Vertretenen nur befugt, wenn er als empfangsberechtigt in Kolonne 4 der Erklärung bezeichnet ist, oder dies gesondert nachweist.

Die Vollmacht ist nach § 167 BGB. formlos; die Prozeßvollmacht bedarf nach § 80 CPO. der Schriftform, sie ermächtigt an sich nicht zur Empfangnahme auszuzahlenden Geldes für die Auftraggeber, hierzu bedarf es besonderen Nachweises; das zweckmäßigste ist auch hier, daß der Rechtsanwalt, welcher im Auftrage der Prozeßpartei hinterlegt, sich in Kolonne 4 als empfangsberechtigt aufführt. (Nr. 22 Ausf.Best. u. S. 90—93 der Erlasse.)

Die Prozeßvollmacht ermächtigt daher auch nicht zum Abschluß eines Vergleichs mit dem Prozeßgegner dahin, daß die hinterlegte Summe an den Prozeßbevollmächtigten, anstatt an den Machtgeber gezahlt werden soll, letzterer hat hierzu den Prozeßbevollmächtigten vielmehr besonders zu ermächtigen, bezw. hat dem Vergleich beizutreten.

Die Prozeßvollmacht ermächtigt an sich auch nicht zur Stellung des Antrags auf Uebersendung durch die Post (§ 25), es ist dies keine Prozeßhandlung im Sinne des § 81 CPO., die Berechtigung zur Stellung dieses Antrages ist gesondert nachzuweisen. Nach den Motiven müssen der Antragsteller und Empfänger dieselbe Person sein.

Im Anwaltsprozesse kann die Beibringung der Prozeßvollmacht immer gefordert werden, weil nach § 88 CPO. der Mangel der Vollmacht nur im Parteiprozesse von Amts wegen zu berücksichtigen ist, der Hinweis auf den Urtheilstenor genügt nur im Parteiprozeß.

3. Wegen der Anordnung der Hinterlegung siehe § 20. Im übrigen hat die Hinterlegungsstelle zu prüfen, ob die gesetzlichen Voraussetzungen für die Hinterlegung vorliegen. Dies folgt aus den §§ 15 Absatz 2 u. 20, 21 Anm.

4. Die **hauptsächlichsten Hinterlegungsgründe,** abgesehen von der Hinterlegung zwecks Befreiung von einer

Verbindlichkeit und behufs Sicherheitsleistung sowie durch den Vormund gemäß den Bestimmungen des BGB. — siehe hierzu Anm. zu § 18 — sind folgende:

I. **Wechselordnung** vom 5. Juni 1869 (BGBl. S. 382—402):

a) Art. 25 WO. Indossant und Aussteller können, falls sie zur Sicherstellung wegen verweigerter Annahme des Wechsels seitens des Bezogenen aufgefordert werden, die schuldige Summe hinterlegen.

b) Art. 40 u. 98 Nr. 5 a. a. O. Der Acceptant bezw. Aussteller kann die Schuldsumme hinterlegen, wenn die Zahlung zur Zeit der Fälligkeit nicht gefordert wird und die für die Protesterhebung mangels Zahlung bestimmte Zeit abgelaufen ist.

c) Art. 73 a. a. O. Der Eigenthümer eines abhanden gekommenen Wechsels kann nach Einleitung des Amortisationsverfahrens Hinterlegung der aus dem Accepte schuldigen Summe fordern.

II. **Handelsgesetzbuch** vom 10. Mai 1897 (RGBl. S. 219 ff.):

a) § 301 HGB. Bei der Auflösung einer Aktiengesellschaft, abgesehen von dem Falle der Eröffnung des Konkurses, darf die Vertheilung des Vermögens unter die Gesellschafter nicht eher erfolgen, als nach Ablauf eines Jahres von dem Tage an gerechnet, an welchem die im § 297 vorgeschriebene öffentliche Aufforderung an die Gäubiger zum dritten Male stattgefunden hat.

In diesem Falle sind die aus den Handelsbüchern der Gesellschaft ersichtlichen oder anderweit bekannten Gläubiger aufzufordern, sich zu melden; unterlassen sie dies, so ist der Betrag ihrer Forderungen zu hinterlegen.

b) Hinterlegung bei Auflösung der offenen Handelsgesellschaft § 155 Abs. 2 HGB.; der Kommanditgesellschaft § 161 Abs. 2 HGB.; der Kommanditgesellschaft auf Aktien § 330 Abs. 1 HGB. Siehe auch § 290 HGB.

c) §§ 255 u. 256 HGB. Ausübung des Stimmrechts in der Generalversammlung einer Aktiengesellschaft kann von der Hinterlegung der Aktien abhängig gemacht werden. Desgleichen sind die Aktien zu hinterlegen in den Fällen der §§ 266 u. 269 HGB.

d) § 373 HGB. Beim Handelskauf erfolgt beim Annahmeverzuge des Käufers die Hinterlegung in einem öffentlichen Lagerhaus oder in sonst sicherer Weise. Die gleiche Befugniß findet im Falle des § 437 HGB. auf den Frachtführer Anwendung.

§§ 601—604 HGB. Hinterlegung durch Schiffer im Falle der Verzögerung der Abnahme der Schiffsgüter.

e) §§ 615, 632 u. 731. Sicherheitsstellung für Distanzfracht, Havarie, Bergungshilfskosten und Bodmereigelder.

f) § 624. Auslieferung der Güter durch den Verfrachter im Falle des Streits über seine Forderungen, sobald die Streitsumme hinterlegt ist.

g) § 646. Hinterlegung im Falle der Meldung mehrerer legitimirter Konnossementsinhaber.

h) § 689. Hinterlegung bei Meldung mehrerer legitimirter Bodmereibriefsinhaber.

III. **Civilprozeßordnung** in der Fassung der Bekanntmachung vom 20. Mai 1898 (RGBl. S. 410 ff.):

a) § 75 CPO. Bei der Streitverkündung des beklagten Schuldners an einen Dritten, welcher die eingeklagte Forderung für sich beansprucht, und bei Eintritt des Dritten in den Rechtsstreit ist der Beklagte auf Antrag aus dem Streit zu entlassen, wenn er den Betrag unter Verzicht auf das Recht zur Zurücknahme hinterlegt.

b) § 89 CPO. Der Geschäftsführer ohne Auftrag bezw. der Bevollmächtigte ohne Vollmacht kann ohne und gegen Sicherheitsleistung zur Prozeßführung einstweilen zugelassen werden.

c) §§ 110 u. 111 CPO. Ausländer, welche als Kläger auftreten, bezw. Kläger, welche im Laufe des Rechtsstreits die Eigenschaft als Deutsche verlieren, haben auf Verlangen des Beklagten Sicherheit zu leisten.

d) § 379. Hinterlegung eines Vorschusses für die Zeugengebühren.

e) §§ 108 u. 109. Bestellung einer prozessualischen Sicherheit bezw. Anordnung der Zurückzahlung. (Zu letzterem Punkt siehe § 19.)

Sicherheitsleistung bezw. Hinterlegung erfolgt insbesondere:

α) § 255 zu Verhütung der Anordnung einer Verwaltung;

β) § 324 bei Verurtheilung zur Entrichtung einer Geldrente;

γ) §§ **713** Abs. 2, 720, 817, 819, 868 — zur Abwendung der Zwangsvollstreckung;

δ) §§ **707, 710** Abs. 1, 713, 719, 732, 751, 769, 771 — zur Aufhebung bezw. zur Erlangung der Vollstreckbarkeit;

ε) §§ 921, 922, 925 — zwecks Anordnung des Arrestes;

ζ) §§ 923, 924 zu dessen Aufhebung;

η) § 939 — zwecks Aufhebung einer einstweiligen Verfügung.

f) § 815. Gepfändetes Geld hat der Gerichtsvollzieher dann nicht an den Gläubiger abzuführen, sondern zu hinterlegen, wenn ein Dritter nachweist, daß er daran ein die Veräußerung hinderndes Recht habe. Diese Bestimmung ist neu. Desgleichen hat der Gerichtsvollzieher im Falle des § 720 das gepfändete Geld zu hinterlegen.

Ferner ist das im Arrestwege gepfändete Geld in jedem Falle zu hinterlegen. (§ 930.)

g) § 827 u. § 853. Die Hinterlegung erfolgt, falls die Voraussetzungen für das Vertheilungsverfahren vorliegen.

h) § 838. Bei Ueberweisung einer durch ein Pfandrecht an einer beweglichen Sache gesicherten Forderung kann der Schuldner bis zur Sicherheitsleistung die Herausgabe des Pfandes an den Gläubiger verweigern.

i) § 839. Im Falle des § 713 Abs. 2 erfolgt die Ueberweisung einer gepfändeten Forderung nur zur Einziehung und unter der Verpflichtung des Drittschuldners zur Hinterlegung.

k) § 858. Hinterlegung des Erlöses bei der Zwangsvollstreckung in eine mit einem Pfandrechte belastete Schiffspart.

l) § 885. Hinterlegung des Erlöses verkaufter beweglicher Sachen bei Pfändung solcher bei einem Dritten.

m) § 987 Abs. 4. Hinterlegung des dem Gläubiger gebührenden Betrages nach Erlaß des Ausschlußurtheils. (Siehe VIa.)

IV. **Konkursordnung** in derselben Fassung (RGBl. S. 612 ff.):

a) § 78. Vom Konkursverwalter kann das Gericht Sicherheitsleistung fordern.

b) §§ 129, 132, 137. Hinterlegung der Theilungsmasse.

c) § 54 Abs. 3, § 154, 171. Hinterlegung aufschiebend bedingter Forderungen bei Abschlagsvertheilungen.

d) § 169. Hinterlegung von Beträgen bei der Schlußvertheilung.

V. **Grundbuchordnung** in derselben Fassung (RGBl. S. 754 ff.):

a) Art. 31. AG. z. GBO. zum § 25 des Ges. betr. das Pfandrecht an Privateisenbahnen und Kleinbahnen

u. s. w. v. 19. 8. 95 (GS. S. 499), Hinterlegung von Zinsscheinen von Theilschuldverschreibungen auf den Inhaber.

b) §§ 67 u. 42 Abs. 2. Kraftloserklärung und Ertheilung eines neuen Hypothekenbriefs nach Erlaß des Ausschlußurtheils gemäß §§ 1162, 1170 u. 1171 BGB. nach Hinterlegung der Forderung für den unbekannten Gläubiger. (Siehe §§ 946—959 u. 1003 bis 1024 CPO. wegen der Kraftloserklärung anderer Urkunden.)

c) Wegen des Grundschuldbriefs siehe § 1192 BGB. u. §§ 43 u. 70 GBO., wegen des Rentenschuldbriefs §§ 70 u. 43 GBO.

VI. **Hypothekenrecht des Bürgerlichen Gesetzbuches:**

a) §§ 1170, 1171 BGB. Aufgebot und Ausschließung des unbekannten Hypothekengläubigers, Hinterlegung der Forderung für ihn nach Erlaß des Ausschlußurtheils. (Siehe auch §§ 982 ff. CPO., besonders § 987 Abs. 4.)

Die Hinterlegung richtet sich nach §§ 372 ff. BGB.

b) Wegen der Grundschuld und Rentenschuld gilt das Gleiche nach §§ 1192 u. 1199 BGB.

VII. **Strafprozeßordnung** vom 1. Februar 1877 (RGBl. S. 253 ff.):

a) § 94. Hinterlegung auf Anordnung von Gegenständen, welche für die Untersuchung Bedeutung haben können.

b) §§ 117 u. 118. Sicherheitsleistung behufs Verschonung mit der Untersuchungshaft. (Zuständiges Gericht zur Anordnung siehe § 124.)

c) § 174. Sicherheitsleistung für Kosten u. s. w. im Falle der Stellung des Antrages auf Strafverfolgung.

d) § 419. Sicherheitsleistung des Privatklägers.

e) § 488. Sicherheitsleistung für Erlangung von Strafaufschub.

f) §§ 325 u. 480. Hinterlegung im sogen. objektiven Strafverfahren.

VIII. **Zwangsversteigerungs- und Zwangsverwaltungsgesetz** in der Fassung der angeführten Bekanntmachung (RGBl. S. 713 ff.):

a) § 49. Hinterlegung des Baargebots durch den Ersteher. (Siehe auch § 94.)

§§ 65 u. 107. Hinterlegung bei abgesonderter Verwerthung.

§ 69. Hinterlegung einer Sicherheit für das Gebot. (Siehe auch §§ 61, 67, 68, 107, 108, 184 sowie § 10 EG. u. Art. 9 u. 10 AG.)

§ 85. Sicherheitsleistung bei Vertagung des Versteigerungstermins.

§ 115. Hinterlegung durch den Schuldner beim Widerspruch gegen den Theilungsplan.

§ 117 Abs. 2. Hinterlegung des Versteigerungserlöses bei Ausführung des Theilungsplanes für die nicht erschienenen Berechtigten, an die die Auszahlung nicht erfolgen kann. (Vergl. auch Art. 11 AG.)

§ 120. Hinterlegung einer aufschiebend bedingten Forderung.

§ 121. Hinterlegung fortlaufender Leistungen.

§ 124. Hinterlegung im Falle eines Widerspruchs gegen den Theilungsplan.

§ 126. Hinterlegung eines zugetheilten Betrages bei Unbekanntsein des Berechtigten.

§ 157. Hinterlegung der Einkünfte in der Zwangsverwaltung.

§ 153 Abs. 2. Sicherheitsleistung des Verwalters bei der Zwangsverwaltung.

b) Art. 35—41 AG. z. ZVG. läßt wegen hinterlegter Beträge im Enteignungsverfahren ein Vertheilungsverfahren zu.

IX. **Binnenschiffahrtsgesetz** in der Fassung der Bekanntmachung vom 20. Mai 1898 (RGBl. S. 868 ff.):

§ 91. Nur gegen Hinterlegung der Havereibeiträge darf der Schiffer die mit solchen belasteten Güter ausfertigen.

X. **Genossenschaftsgesetz** in derselben Fassung (RGBl. S. 810 ff.):

a) § 90. Hinterlegung für einen Gläubiger durch die Liquidatoren im Falle der Auflösung der Genossenschaft.

b) § 110. Hinterlegung im Konkurse der Genossenschaft.

XI. **Gesetz betr. die Gesellschaften mit beschränkter Haftung** in derselben Fassung (RGBl. S. 846):

§ 73. Hinterlegung für die Gläubiger bei Auflösung der Gesellschaft durch die Liquidatoren.

XII. **Gesetze betr. das Auseinandersetzungsverfahren:**

a) § 10 Abs. 4 der Verord. v. 30. Juni 1834 (GS. S. 96). Hinterlegung der Entschädigungs- und Ablösungskapitalien im Auseinandersetzungsverfahren durch die Generalkommissionen.

b) §§ 150—155 der Gemeinheitstheilungsordnung vom 7. Juni 1821 (GS. S. 53). Hinterlegung der Kapitalabfindung bei Abtretung von Pertinenzstücken zur Sicherung der an letzteren bestehenden Realrechte Dritter; vergl. dazu Ergänzungsgesetz vom 2. März 1850 (GS. S. 139).

c) Siehe auch § 60 ff. des Ablösungsgesetzes vom 2. März 1850 (GS. S. 77) u. §§ 86, 87 Ges. v. 10. 10. 1899 (GS. S. 403) betr. das Verfahren in Auseinandersetzungsangelegenheiten.

XIII. **Gesetze betr. die Rentenbanken:**

§ 49 Nr. 2, 3 u. 5. Ges. v. 2. 3. 1850 (GS. S. 112). Hinterlegung der Rentenbriefe bis zur Auszahlung des Nennwerths nach erfolgter Ausloosung. Siehe auch § 12 Ges. v. 3. 4. 1869 (GS. S. 544) und die Gesetze vom

25. 8. 1876 (GS. S. 405), 4. 7. 1887 (GS. S. 324), 13. 6. 1888 (GS. S. 243), 11. 6. 1890 (GS. S. 173), 7. 7. 1891 (GS. S. 279).

Wegen der Hinterlegung zur Sicherstellung und Regulirung der Rechte der eingetragenen Realberechtigten und Hypothekengläubiger siehe Erl. des Finanzministers v. 10. 8. 1896 — I 8096.

XIV. **Verordnung betr. das Verwaltungs-Zwangsverfahren wegen Beitreibung von Geldbeträgen** vom 15. November 1899 (GS. S. 545 ff.):

§ 48. Hinterlegung im Falle der Pfändung einer Forderung durch mehrere Vollstreckungsbehörden u. s. w. Vergl. §§ 853—856 CPO.

XV. **Enteignungsgesetz** vom 11. Juni 1874 (GS. S. 221):

A) § 32. Der Unternehmer ist verpflichtet, die Entschädigungssumme zu hinterlegen:

1. wenn neben dem Eigenthümer Entschädigungsberechtigte vorhanden sind, deren Ansprüche an die Entschädigungssumme zur Zeit nicht feststehen,
2. wenn das betr. Grundstück Fideikommiß- oder Stammgut ist oder im Lehn- oder Leiheverband steht,
3. wenn Reallasten, Hypotheken oder Grundschulden auf dem betr. Grundstück haften. (Siehe Erl. des Finanzministers v. 12. 2. 1897 — I 1107.)

Bei Fideikommiß-Stammgütern oder solchen im Lehns- oder Leiheverband wird bei der Auszahlung der Entschädigung an den Besitzer gemäß § 33 HO. von der zuständigen Lehns- oder Fideikommißbehörde eine Bescheinigung über die Legitimation des Besitzers zur Empfangnahme zu erfordern sein.

B) Wegen der Hinterlegung von Grundentschädigungen in den Fällen der freiwilligen Veräußerungen gemäß § 16 des Enteignungsgesetzes siehe Erlaß des Finanzministers vom 1. April 1895 I 1383 und vom 8. 12. 1893 I 18 143 (Erlasse S. 61 bis 65).

XVI. Wegen der Enteignungsbestimmungen des BGB. vergl. Art. 52—54 EG. z. BGB. und wegen Hinterlegung der Versicherungssumme für ein Gebäude siehe §§ 1128 u. 1281—1290 BGB.

XVII. **Berggesetz** vom 24. 5. 1865 (GS. S. 705): §§ 9, 142, 144, 146.

Sicherheit des Schürfers für den Grundeigenthümer bezw. des Bergwerksbesitzers bei Inanspruchnahme eines fremden Grundstücks zum Bergbaubetrieb.

XVIII. Siehe Anmerkungen zu § 18 wegen der Hinterlegung zum Zweck der Schuldbefreiung und der Sicherheitsleistung.

§. 15.

Annahmegesuch.

Ein vorgängiges Gesuch um die Annahme [1] [2] ist bei der Hinterlegungsstelle schriftlich einzureichen. Demselben ist die nach §. 14 erforderliche Erklärung in zwei Exemplaren beizufügen.

Der Gesuchsteller ist binnen drei Tagen nach Eingang des Gesuchs zu benachrichtigen, daß die Kasse zur Annahme des Betrages angewiesen sei, oder von dem der Annahme entgegenstehenden Hinderniß in Kenntniß zu setzen.

Die Benachrichtigung ist [3] bei der Einzahlung vorzulegen oder bei Einsendung des Geldes in Urschrift oder Abschrift gleichzeitig einzusenden.

1. Wegen des Verfahrens bei der Annahme siehe Verf. v. 14. 7. 1894 (Erlasse S. 38 u. 39) — I 11359.

Wegen der Form der Annahmebefehle an die Kasse siehe Nr. 5 der Ausf.Best. u. den Erlaß des FM. v. 21. 3. 1899, I 1168, wonach Reinschriften von den auf Geld lautenden Annahmebefehlen nicht mehr zu fertigen sind; das Gleiche gilt für Werthpapiere nach dem Erlasse v. 8. 6. 1900, I 1406.

2. Das Annahmegesuch ist an eine bestimmte Form nicht gebunden.

In der Praxis ist die Hinterlegung auch ohne Annahmegesuch unter Einreichung der beiden Hinterlegungserklärungen üblich und zugelassen.

Beschwerden wegen verweigerter Annahme gehen gemäß § 4 an den Finanzminister.

3. Die Beibringung der Benachrichtigung ist nicht als nothwendiges Erforderniß zur Annahme zu machen, wenn nur in Betreff der Identität des Hinterlegers und der Rechtsangelegenheit kein Zweifel obwaltet, und auch im übrigen sich keine Bedenken ergeben (§ 13 Ausf.Best.).

Die Benachrichtigungsschreiben werden nicht frankirt.

§. 16.

Hinterlegungsbescheinigung.

Die Kasse behält das eine Exemplar der Erklärung (§§. 14, 15) zurück und bescheinigt auf dem anderen die erfolgte Hinterlegung.[1])

Die Bescheinigung ist, falls kassenmäßiges Geld unmittelbar bei der Kasse eingezahlt wird, sofort zu ertheilen, dagegen in den Fällen:

1. der Einsendung des Geldes durch die Post,[2])

2. der Einzahlung nicht kassenmäßigen Geldes dem Hinterleger oder dem, welcher in dessen Vertretung die Hinterlegung bewirkt hat, spätestens binnen drei Tagen zuzusenden.

Im Fall des Abs. 2 Nr. 2 ist, sofern die Einzahlung unmittelbar bei der Kasse geschieht, ein einstweiliger Empfangsschein[3]) sofort zu ertheilen

1. Ueber jede erfolgte Hinterlegung ist von der Hinterlegungskasse, bezw. von den Verwaltern des Dokumentendepositoriums dem Hinterleger oder der als Vertreter bezeichneten Person eine Bescheinigung zu ertheilen, sie erfolgt auf dem einen Exemplar der Erklärung und lautet dahin, daß die fraglichen Gegenstände bei der Kasse bezw. dem Depositorium hinterlegt worden sind. (Nr. 17 Ausf.Best.) Die Quittungen sind von dem betr. Buchhalter, Kassirer und Landrentmeister bezw. bei der Hinterlegung von Werthpapieren und Kostbarkeiten von den Verwaltern des Depositoriums, d. h. dem Landrentmeister und Kassirer zu unterzeichnen. (§§ 39, 40, 49, 50 u. 84 HO., siehe §§ 49, 112, 107 der Geschäftsanweis. f. Regierungshauptkassen v. 21. 5. 1887.)

Das andere Exemplar der Erklärung, bezw. die Abschrift der Anweisung behält die Kasse, vermerkt darauf die geschehene Vereinnahmung unter Angabe der Nummer des Buchhaltereijournals, sowie des Bandes und der Seite des Spezialmanuals, bezw. Depositalmanuals und übergiebt es dem Mandatenbuchführer, welcher die betreffende Post in die Isteinnahme-Kolonne des Mandatenbuchs nachträgt. Von hier gelangt das Exemplar wieder zu den Akten der Hinterlegungsstelle. (Nr. 18 Ausf.Best. siehe auch Anm. 1 zu § 15.)

Nach § 84 erhält das Amtsgericht, welches die hinterlegten Gegenstände eingesandt hat, eine Abschrift der Hinterlegungsbescheinigung.

2. Mit der Post eingegangene Gelder, deren Annahme noch nicht verfügt werden kann und nicht kassenmäßige Gelder, die nicht als Kostbarkeiten aufbewahrt werden sollen, werden zur Asservation genommen; in diesem Falle wird nur ein Empfangsschein ertheilt. (Siehe auch § 41.)

3. Die Aushändigung der Bescheinigung über die erfolgte Hinterlegung ist von der Rückgabe des Empfangscheines nicht abhängig zu machen (Nr. 15 Ausf.-Best. Begr. S. 44).

§. 17.

Beurkundung durch den Gerichtsvollzieher.

Die Gerichtsvollzieher sind zuständig, die Aufgabe des Geldes zur Post zu beurkunden.

Die Urkunde soll enthalten:

1. die Angabe, zu welcher Zeit, unter welcher Adresse und bei welcher Postanstalt die Sendung aufgegeben ist;
2. die Bezeichnung der Art des Verschlusses und der Verpackung des Geldes;
3. die Bezeichnung der Summe und der Gattungen desselben;
4. eine Abschrift der in Gemäßheit der §§. 14, 15 der Hinterlegungsstelle eingesandten Erklärung;
5. die Unterschrift des Gerichtsvollziehers.

Erfolgt die Aufgabe des Geldes durch Einzahlung bei der Post zur Auszahlung an die Hinterlegungskasse, so genügt an Stelle der unter Nr. 2, 3 vorgeschriebenen Bezeichnungen die Bezeichnung der Summe.[1])

1. Wegen der Gebühren bei der Beurkundung durch den Gerichtsvollzieher siehe Art. 21 Ges. betr. die landesgesetzlichen Vorschriften über die Gebühren der Rechtsanwälte u. Gerichtsvollzieher in der Fassung der Bekanntmachung v. 6. 10. 1899 GS. S. 381 ff.

Die Bestimmung dient dazu, dem Hinterleger einen unmittelbaren Ausweis über die Absendung des Geldes zu verschaffen, wozu der Postschein der Hinterlegungsstelle und der anderen Partei gegenüber nicht ausreicht.

Vergl. auch § 107 der Geschäftsanweisung für die Gerichtsvollzieher v. 1. 12. 1899 JMBl. S. 631 ff.

Die Beurkundung durch den Gerichtsvollzieher ist ausgeschlossen, wenn Geld an das Amtsgericht zur vorläufigen Verwahrung gesandt wird. Auch mit der Beurkundung der Aufgabe von Werthpapieren und Kostbarkeiten zur Post kann ein Gerichtsvollzieher beauftragt werden.

§. 18.

Hinterlegung des Schuldners zur Befreiung.

Bei der Hinterlegung, welche der Schuldner[1]) eines Geldbetrags zum Zwecke der Befreiung von seiner Verbindlichkeit bewirkt, ist in der nach §. 14 erforderlichen Erklärung der Gläubiger, für welchen die Hinterlegung erfolgt, zu bezeichnen oder anzugeben, in Folge welcher Umstände der Schuldner seine Verbindlichkeit nicht oder nicht mit Sicherheit erfüllen kann.[2]) [3]) [4]) [5]) [6]) [9]) [10])

Macht der Schuldner das Recht des Gläubigers zum Empfange des hinterlegten Geldes von der Be-

wirkung einer Gegenleistung abhängig, so ist dies unter Bezeichnung der Gegenleistung in der Erklärung anzugeben.

Die Hinterlegungsstelle hat den Schuldner unter Bezugnahme auf die Vorschrift des §. 382 des Bürgerlichen Gesetzbuchs zu dem Nachweis aufzufordern, daß und wann der Gläubiger die im §. 374 Abs. 2 des Bürgerlichen Gesetzbuchs vorgeschriebene Anzeige von der Hinterlegung empfangen hat. Wird der Nachweis nicht vor dem Ablaufe von drei Monaten nach der Aufforderung geführt, so ist die Hinterlegungsstelle ermächtigt, im Namen und auf Kosten des Schuldners dem Gläubiger die Anzeige zu machen; die Aufforderung muß einen Hinweis auf diese Rechtsfolge enthalten.*) [7]) [8])

1. Die öffentliche Hinterlegung ist ein Surrogat der Erfüllung, sie ist ein Recht des Schuldners und dient zu seiner Befreiung von der Verbindlichkeit.

Hinterlegungsfähig sind Geld, Werthpapiere und sonstige Urkunden, sowie Kostbarkeiten (§ 372 BGB.). Zur Hinterlegung nicht geeignete bewegliche Sachen darf der Schuldner im Falle des Verzuges des Gläubigers nach vorheriger Androhung öffentlich versteigern lassen und den Erlös hinterlegen. Das Gleiche gilt von Sachen, deren Verderb zu befürchten, oder deren Auf-

---

*) Die Fassung entspricht dem Art. 84 II des AG. z. BGB., sie mußte erfolgen zur Anpassung an die §§ 372 ff. BGB. (Siehe Begr. zu Art. 82 Nr. 2.)

Wegen der eventuellen Benachrichtigung der Gläubiger durch die Hinterlegungsstelle siehe FMErl v. 15. 12. 1899 -- I 16164 —.

bewahrung mit unverhältnißmäßigen Kosten verbunden ist (§§ 383—386 BGB.).

Wegen Herausgabe zur Hinterlegung nicht geeigneter Sachen an einen gerichtlich zu bestellenden Verwahrer siehe §§ 432, 1217, 1281, 2039 BGB.

Sachen mit einem Börsen- oder Marktpreis können auch aus freier Hand verkauft werden (§§ 1221, 1235 BGB.).

2. Voraussetzung zur Hinterlegung ist der Annahmeverzug des Gläubigers (§§ 293 ff. a. a. O.) und die Behinderung des Schuldners an der Erfüllung, oder mit Sicherheit zu erfüllen, aus einem anderen, in der Person des Gläubigers liegenden Grunde, oder infolge einer nicht auf Fahrlässigkeit beruhenden Ungewißheit über die Person des Gläubigers. Bei gegenseitigen, Zug um Zug zu erfüllenden Verträgen kann der Schuldner das Recht des Gläubigers zur Empfangnahme von der Bewirkung der Gegenleistung abhängig machen (§§ 372, 373, auch 255, 273, 320, 368, 371 BGB.).

3. Die Hinterlegung hat an der Hinterlegungsstelle des Leistungsorts (§ 269 BGB.) zu erfolgen, sie ist aber nicht ungültig, wenn sie an einer anderen Stelle erfolgt, nur ist der Schuldner gegebenenfalls schadensersatzpflichtig (§ 374 Abs. 1 BGB.).

Der Schuldner hat dem Gläubiger die Hinterlegung, soweit es thunlich ist, unverzüglich anzuzeigen (§ 374 Abs. 2 a. a. O.); eventuell ist öffentliche Zustellung vorzunehmen (§ 132).

Wegen der Uebersendung mit der Post siehe § 375 a. a. O.

Die Gefahr der Uebersendung trägt der Schuldner, nach erfolgter Hinterlegung trägt der Gläubiger die Gefahr (§ 379 Abs. 2 u. §§ 300—302); desgleichen trägt der Gläubiger die Kosten der Hinterlegung § 381 BGB.

4. Der Schuldner hat das Recht der Zurücknahme (§ 376 Abs. 1 a. a. O.); sie ist nur ausgeschlossen:

a) wenn der Schuldner der Hinterlegungsstelle erklärt, daß er auf das Recht zur Zurücknahme verzichte,

b) wenn der Gläubiger der Hinterlegungsstelle die Annahme erklärt,

c) wenn der Hinterlegungsstelle ein zwischen dem Gläubiger und dem Schuldner ergangenes rechtskräftiges Urtheil vorgelegt wird, das die Hinterlegung für rechtmäßig erklärt (§ 376 Abs. 2).

Eine Ausnahme zu a enthält § 382, welcher ein Rücknahmerecht nach dem Erlöschen des Anspruchs des Gläubigers zuläßt (siehe auch § 75 CPO.).

5. Das Rücknahmerecht des Schuldners ist der Pfändung nicht unterworfen und gehört deshalb nicht zur Konkursmasse des Schuldners (§ 377 a. a. O.); es ist auch nicht abtretbar (§ 400 BGB.).

6. Die Wirkung der Hinterlegung ist verschieden, jenachdem Rücknahme ausgeschlossen ist oder nicht. Ist sie ausgeschlossen, so ist der Schuldner befreit (§ 378), im anderen Falle bleibt die Verbindlichkeit als solche bestehen, nur kann der Schuldner den Gläubiger auf die hinterlegte Sache verweisen (§ 379 Abs. 1 BGB.).

Nach erfolgter Zurücknahme gilt die Hinterlegung als nicht geschehen (§ 379 Abs. 3).

7. Das Recht des Gläubigers auf die hinterlegte Sache bezw. den Betrag erlischt nach 30 Jahren vom Empfange der Anzeige, falls sich nicht Gläubiger vorher meldet. Die Frist ist Ausschlußfrist (§ 382 BGB.).

8. Wegen des Aufgebots siehe Anm. zu § 58a.

9. Die **hauptsächlichsten Sonderfälle des BGB.**, in welchen eine Hinterlegung behufs **Schuldbefreiung** erfolgt, sind die nachstehenden:

a) § 1142 Hinterlegung zur Befriedigung des Hypothekengläubigers;

b) § 1171 desgl. im Aufgebotsverfahren (siehe Anm. 4. VI zu § 14 u. Anm. zu § 19);

c) § 1224 Hinterlegung zur Befriedigung des Pfandgläubigers einer beweglichen Sache;

d) § 1217 Hinterlegung des beweglichen Pfandes auf Verlangen des Verpfänders bei Verletzung seiner Rechte durch den Pfandgläubiger;

e) § 1219 Hinterlegung des Versteigerungserlöses des Pfandes durch und zu Gunsten des Pfandgläubigers auf Verlangen des Verpfänders;

f) § 1269 Hinterlegung im Aufgebotsverfahren für einen unbekannten Schiffspfandgläubiger (siehe Anm. zu § 19);

g) § 1281 Hinterlegung der geschuldeten Sache beim Pfandrecht an einer Forderung für den Gläubiger und Pfandgläubiger auf jedes Verlangen durch den Schuldner;

h) Unter den Voraussetzungen des § 372 kann auch ein Dritter an Stelle des Schuldners hinterlegen z. B. im Falle

des § 268 derjenige, welcher beim Betreiben der Zwangsvollstreckung in einen dem Schuldner gehörigen Gegenstand Gefahr läuft, ein Recht an dem Gegenstande zu verlieren, desgleichen der Besitzer der Sache, welcher in Gefahr kommt, den Besitz der Sache zu verlieren, kann den Vollstreckungsgläubiger befriedigen, bezw. für ihn hinterlegen (vergl. §§ 1242, 1257, 1273 BGB., §§ 771, 804, 805 CPO., §§ 91, 146, 162 ZVG.);

das gleiche Recht hat ein Dritter in den Fällen der §§ 1142, 1171, 1224 BGB.;

i) § 422 Hinterlegung durch einen Gesammtschuldner befreit auch die übrigen;

k) § 432 Hinterlegung zu Gunsten sämmtlicher Gesammtgläubiger befreit den Schuldner;

l) § 660 Hinterlegung der Belohnung bei der Auslobung für mehrere Streitende, die zum Erfolge mitgewirkt haben;

m) § 489 Hinterlegung des Versteigerungserlöses eines Thieres bei der Wandlungsklage;

n) § 1077 Hinterlegung durch den Schuldner beim Nießbrauch an einer Forderung zu Gunsten des Nießbrauchers und des Gläubigers;

o) § 1082 desgleichen Hinterlegung für letztere beim Nießbrauch an Inhaber- u. Orderpapieren (siehe Anm. 8 zu § 1);

p) §§ 2114 u. 2116 Hinterlegung auf Verlangen des Nacherben durch den Vorerben (siehe Anm. 8 zu § 1);

q) § 2039 Hinterlegung einer geschuldeten Nachlaßsache zur Befreiung des Schuldners für die Miterben vor der Auseinandersetzung;

r) § 52 Hinterlegung für den bekannten Gläubiger eines Vereins gegebenenfalls nach vorheriger Sicherheitsleistung.

10. Neben der Hinterlegung zum Zwecke der Befreiung von einer Schuldverbindlichkeit hat das BGB. auch die **Sicherheitsleistung** durch Hinterlegung von Geld- oder Werthpapieren in den §§ 232—235 geregelt. (Wegen der Sicherheitsleistung nach öffentlichem Recht siehe Art. 90 u. 91 EG. z. BGB.)

Nach § 233 erwirbt der Berechtigte ein Pfandrecht an der Forderung auf Rückerstattung des hinterlegten Geldes bezw. der Werthpapiere:

§ 234 stellt die Erfordernisse für die zur Hinterlegung tauglichen Werthpapiere auf; wichtig ist, daß danach nur in Höhe von drei Viertheilen des Kurswerthes Sicherheit geleistet wird. (Siehe auch §§ 793 ff. u. § 1807 Ziffer 2—4 BGB. u. § 183 HGB. Inhaberaktien.)

Die **hauptsächlichsten Sicherheitsleistungsfälle des BGB.** sind folgende:

a) Sicherheitsleistung beim Eintritt der **Besorgniß** einer **Rechtsverletzung**:

§ 1039 bei übermäßiger Fruchtziehung des Nießbrauchers,

§ 1051 bei erheblicher Verletzung der Eigenthümerrechte durch den Nießbraucher,

§§ 1067 u. 1075 bei Gefährdung des Werthsersatzes beim Nießbrauch an verbrauchbaren Sachen und an einer Forderung,

§§ 1391, 1392, 1525 u. 1550 auf Verlangen der Ehefrau wegen des der Verwaltung des Mannes unterliegenden Vermögens (siehe Anm. 8 zu § 1),

§ 2128 auf Verlangen des Nacherben;

b) Sicherheitsleistung auf **Anordnung des Vormundschaftsgerichts**:

§§ 1667, 1668 u. 1671 durch den Vater wegen des seiner Verwaltung unterliegenden Kindesvermögens (siehe Anm. 8 zu § 1),

§ 1844 durch den Vormund wegen des seiner Verwaltung unterliegenden Vermögens (siehe §§ 1786 Nr. 6 u. 1889),

nach § 1814 hat der Vormund **ohne Anordnung** die zum Vermögen des Mündels gehörigen Inhaberpapiere nebst den Erneuerungsscheinen bei einer Hinterlegungsstelle u. s. w. zu hinterlegen,

nach § 1818 hat der Vormund auf Anordnung des Vormundschaftsgerichts auch solche Werthpapiere, zu deren Hinterlegung er nach § 1814 nicht verpflichtet ist, sowie Kostbarkeiten und auf Antrag des Vormunds auch Zins-, Renten- und Gewinnantheilscheine zu hinterlegen. (Wegen der Inanspruchnahme auch anderer, als der ordentlichen Hinterlegungsstellen siehe Anm. 8 zu § 1.)

Hinzuweisen ist darauf, daß nach Art. 144 EG. u. Art. 76 AG. z. BGB. die **Anlegung** von **Geld** durch den Vormund bei der ordentlichen Hinterlegungsstelle **nicht** stattfindet (siehe §§ 47a, 48 Anm.);

c) Sicherheitsleistung für die noch nicht berichtigten Schulden vor der Vermögensausantwortung:

§ 52 im Falle der Auflösung eines Vereins, falls eine Verbindlichkeit nicht ausführbar oder streitig ist,

§ 1986 bei Ausantwortung des Nachlasses durch den Nachlaßverwalter für Berichtigungen einer solchen Verbindlichkeit,

§ 2217 bei Ausantwortung von Nachlaßgegenständen durch den Testamentsvollstrecker für Berichtigung von Verbindlichkeiten oder für Vollziehung der Vermächtnisse und Auflagen;

d) Sicherheitsleistung anstatt Befreiung von einer Verbindlichkeit:

§ 257 beim Anspruche auf Ersatz für Aufwendungen,

§ 738 beim Ausscheiden eines Gesellschafters für gemeinschaftliche, noch nicht fällige Schulden,

§ 775 Abs. 2 beim Anspruch des Bürgen auf Befreiung, falls die Hauptverbindlichkeit noch nicht fällig ist;

e) Verlangen der Sicherheitsleistung im Wege der Einrede:

§ 258 bei der Verpflichtung zur Herausgabe einer Sache für die Wegnahme einer Einrichtung,

§ 321 bei der Verpflichtung zur Vorleistung für die Gegenleistung,

§ 811 bei der Verpflichtung zur Verlegung einer Sache bezw. Urkunde für Gefahr und Kosten der Vorlegung,

§§ 867 und 1005 bei Aufsuchung und Wegschaffung einer Sache auf einem fremden Grundstück für den hierdurch entstehenden Schaden;

f) Sicherheitsleistung für die Zahlung einer Geldrente:

§§ 843—845 im Falle der Verletzung des Körpers, der Gesundheit oder der Tödtung,

§ 1580 bei der Unterhaltspflicht des für schuldig erklärten Gatten (siehe auch § 324 CPO.);

g) § 509 Sicherheitsleistung für den gestundeten Kaufpreis durch den Verkaufsberechtigten;

h) §§ 572 und 581 Rechte des Erwerbers eines Grundstücks an der vom Miether oder Pächter geleisteten Sicherheit;

i) 273 Sicherheitsleistungen zur Abwendung der Ausübung des Zurückbehaltungsrechts (siehe auch § 369 HGB.);

k) § 562 desgleichen zur Abwendung des Pfandrechts des Vermiethers;

l) § 1716 Sicherstellung der Ansprüche vor der Geburt des Kindes durch Hinterlegung (siehe §§ 935 ff. CPO.);

m) § 1280 anderweite Sicherstellung bei Verderb und Werthsminderung des Pfandes;

n) § 1960 Sicherstellung des Nachlasses durch das Nachlaßgericht durch Hinterlegung (siehe auch Art. 140 EG. z. BGB. und Art. 104, 121 u. 128 AG. z. BGB.);

o) Art. 90 EG. z. BGB. Sicherheitsleistung nach öffentlichem Recht wegen Führung eines Amtes oder wegen eines Gewerbebetriebes;

das Preußische Gesetz vom 25. 3. 1873 hat nach dem Gesetz vom 7. 3. 1898 nur noch für Gerichtsvollzieher und rheinische Hypothekenbewahrer Bedeutung.

Wegen der Auswanderungsunternehmer siehe RG. vom 9. 6. 1897 und Bestimm. des Bundesraths vom 14. 3. 1898.

§. 19.

Besondere Erfordernisse bei Einreichung der Erklärung.

In den Fällen des §. 1171 und des §. 1269[1]) des Bürgerlichen Gesetzbuchs ist der nach §. 14 erforderlichen Erklärung der Nachweis beizufügen, daß das Aufgebotsverfahren eingeleitet ist.*)

[1]) siehe hierzu Anm. 9b u. f zu § 18.

§. 20.

Hinterlegung auf Grund Anordnung einer Behörde.

Ist der Hinterleger durch Entscheidung oder Anordnung der zuständigen Behörde zur Hinterlegung für berechtigt oder verpflichtet erklärt, so darf die Annahme nicht auf Grund der Unzulässigkeit einer Hinterlegung abgelehnt werden.[1])

Die Entscheidung oder Anordnung[2])[5]) ist der nach §. 14 erforderlichen Erklärung in Ausfertigung oder in Abschrift beizufügen. Die Kasse behält das beigefügte Schriftstück[3])[4]) zurück.

---

*) Die Fassung entspricht dem Art. 84 II des AG. z. BGB.).

1. Die Hinterlegungsstelle hat nur auf Grund der Hinterlegungserklärung (§ 14) unter Voraussetzung der Richtigkeit der in ihr enthaltenen Angaben, deren Prüfung ihr nicht zusteht, zu untersuchen, ob ein gesetzlicher Hinterlegungsgrund vorliegt. Ist dies nicht der Fall, oder ergiebt sich aus den nach § 20 beizufügenden Urkunden, daß eine Ursache zur Hinterlegung nicht gegeben ist, so ist der Antrag zurückzuweisen. (Verf. vom 9. 2. 1880, I 1894, Erlasse S. 57/58.)

Ist die Annahme, wenn auch fälschlich erfolgt, so sind dennoch Hinterlegungszinsen zu zahlen. (Anm. 2 zu § 10.)

2. Einer Anordnung bedarf es z. B. in den Fällen der §§ 75, 89, 110, 111, 707, 710, 713, 719, 732, 769, 771, 923, 939 CPO., während in den Fällen der §§ 827, 853 und 930 die Hinterlegung kraft Gesetzes erfolgt. (Siehe auch Anm. 10b zu § 18.)

3. Die Abschrift der Anordnung geht zu den Hinterlegungsakten (Nr. 18 Ausf.Best.).

4. Die Anordnung zur Auszahlung (§ 30) ist in urkundlicher Form oder Ausfertigung beizufügen.

5. Die Hinterlegungsstelle hat aber ein Nachprüfungsrecht, ob die Anordnung zur Hinterlegung, welche beigefügt ist, dem Gesetze entsprechend erlassen war, und ob die betreffende Behörde zu der Anordnung zuständig war. (So hat der Herr Finanzminister in verschiedenen Erlassen entschieden, siehe S. 58 u. 59 der Erlasse.)

§. 21.

Ersuchen der zuständigen Behörde um Annahme.

Ersucht die für die Rechtsangelegenheit zuständige Behörde[1]) um Annahme eines in der Angelegenheit zu hinterlegenden Betrages, so findet die Vorschrift des §. 20 Abs. 1 Anwendung.

1. Siehe §§ 82 u. 83 u. Anm. 5 zu § 20 HO.

2. § 21 bezieht sich nur auf den Fall, wo das Gericht um Annahme eines von ihm angebotenen Betrages ersucht. Nur im Falle des § 74 Nr. 1 darf sich das Gericht selbst als Hinterleger bezeichnen, in den übrigen Fällen ist nach Ablauf der Frist für die vorläufige Verwahrung das zurückbehaltene Stück der Hinterlegungserklärung bezw. Protokoll einzusenden.

§. 22.

Auszahlungsgesuch.

Das Gesuch um Auszahlung [1] ist bei der Hinterlegungsstelle schriftlich einzureichen. Demselben ist der Nachweis der Berechtigung [2] [3] zur Empfangnahme beizufügen.

1. Die Auszahlung erfolgt also nur auf Antrag, nicht von Amts wegen; es ist unzulässig, den Antrag bei der Hinterlegungsstelle zu Protokoll zu erklären.

Wegen der Form der Ausgabeweisungen s. Nr. 3 u. 21 Ausf.Best. und Erl. der Oberrechnungskammer vom 3. 9. 1884 — Nr. 9651, sowie Gesch.Anweis. f. die Reg.Hauptkassen vom 21. 5. 1887 §§ 58, 59, 73, 75 ff.

Wegen der Uebersendung durch die Post siehe §§ 25, 26, 43—45 HO. und Nr. 22 Ausf.Best., im übrigen erfolgt gemäß § 27 die Auszahlung hauptsächlich durch Vermittlung der Kreiskassen oder anderer Spezialkassen (Nr. 21 Ausf.Best.).

Die gemäß §§ 23, 25 Abs. 4 u. 27 Abs. 2 HO. zu erlassende Benachrichtigung über die Auszahlung seitens der Hinterlegungskasse (siehe Verf. v. 30.11. 1893

I 13956, Erl. S. 40) erfolgt unter der Mittheilung, daß die Herausgabe nur gegen Portoerstattung stattfindet (Nr. 24 Ausf.Best.); die Einziehung der Kosten erfolgt im Verwaltungszwangsverfahren (§§ 45, 42 Abs. 4 HO.); wegen Einforderung eines Kostenvorschusses siehe Nr. 23 Ausf.Best. und § 45 HO.

Vor der Anordnung der Auszahlung ist die Kasse zur Angabe des Kapital- und Zinsenguthabens, sowie zur Feststellung aufzufordern, ob Arreste oder sonstige Vermerke vorliegen (Nr. 19 Ausf.Best.).

Steht dem Auszahlungsgesuche ein Hinderniß entgegen, so ist der Antragsteller von der Hinterlegungsstelle zu bescheiden. Im anderen Falle ist die Anweisung zur Zahlung bezw. Herausgabe an die Kasse zu ertheilen, und dieses ist derart zu beschleunigen, daß die im § 23 HO. festgesetzte zehntägige Frist zu der gesetzlich vorgeschriebenen Benachrichtigung des Berechtigten durch die Hinterlegungskasse innegehalten werden kann (Nr. 20 u. 24 Ausf.Best.).

Das Auszahlungsgesuch hat zu bezeichnen, ob aus dem Kapital oder den Zinsen gezahlt werden soll. Die Zinsen sind in der Regel erst am Ende des Rechnungsjahres fällig; doch sind sie sofort auszuzahlen bei Ausschüttung der Masse und wenn jemandem ein Anspruch auf Theilzahlungen zusteht; soweit Theilzahlungen aus dem Kapital gezahlt werden, sind für diesen Theil auch die Zinsen fällig. Im allgemeinen erfolgt die Zahlung also aus dem Kapitalguthaben. Das Rechnungsjahr läuft vom 1. April bis 31. März des nächsten Jahres. Wegen Berechnung der Zinsen siehe Nr. 26 Ausf.Best.

2. Der Nachweis der Empfangsberechtigung ist in der Regel dann als geführt anzusehen:

a) wenn die Berechtigung zur Empfangnahme durch rechtskräftiges Urtheil festgestellt ist (§ 30 Ziff. 1 HO.);

b) wenn die zuständige Behörde darum ersucht (§ 30 Ziff. 2 u. Anm. dazu sowie § 31);

c) wenn sämmtliche Betheiligte darein willigen (§ 30 Ziff. 3).

Die Nachweise sind in urkundlicher oder beglaubigter Form beizufügen (§§ 126—129 BGB.): in der Regel begnügen sich die Hinterlegungsstellen mit der Beglaubigung durch eine Person, welche ein Dienstsiegel führt (S. 99, 100 der Erlasse).

Zu prüfen ist, ob der Schuldtitel bezw. die Vollstreckungsklausel, auf Grund deren die Zwangsvollstreckung erfolgt, zugestellt sind. (§ 750 CPO.)

Die Hinterlegungsstelle, welche aus einem Urtheil die Judikatsumme zahlt, hat nicht gemäß § 757 CPO. auf dem Schuldtitel die gezahlten Beträge abzuquittiren. (Erlasse S. 72/73, Verf. vom 7. 2. 1882 I 1366.)

Die zur Begründung des Auszahlungsgesuches überreichten Urkunden bleiben bei den Akten (Verf. vom 26. 4. 1882 — I. 5591 Erlasse S. 39).

Wegen der Auszahlung auf Antrag eines Vertreters oder an diesem und wegen der Bedeutung der Prozeßvollmacht siehe Anm. 2 zu § 14 (siehe auch Nr. 22 Ausf.Best.).

Die Hinterlegungsstelle hat, soweit sie nicht durch Entscheidung der zuständigen Gerichte, oder durch die Bestimmungen der HO. (§§ 30, 31) beschränkt ist, selbstständig darüber zu befinden, ob der Nachweis der Empfangsberechtigung als geführt anzusehen ist (RG. XVIII S. 285).

Soweit die Hinterlegungsstelle selbstständig zu entscheiden hat, ist der Rechtsweg gegen ihre Verfügungen ausgeschlossen, sie handelt in diesem Falle als Organ der Rechtsordnung, mithin in Ausübung eines Staatshoheitsrechts (siehe § 36 der Verordnung vom 26. 12. 1808, GS. S. 464) wegen verbesserter Einrichtung der Provinzial- u. s. w. Behörden und Urtheile des Gerichtshofs für Entscheidung der Kompetenzkonflikte vom 10. 6. 1882 (BMBl. S. 242, vom 14. 10. 1893 (BMBl. 1894 S. 51) und PBBl. XXI Nr. 10 S. 100 ff. Siehe auch S. 31 u. 32 der Erlasse wegen Behandlung der gegen die Hinterlegungsstellen angestrengten Prozesse.

3. **Besonders wichtige** und in der Praxis am häufigsten wiederkehrende Fälle, in denen ein verschiedener **Nachweis** der **Empfangsberechtigung** zu führen ist, sind folgende:

a) §§ 713 Abs. 2, 839 CPO.:

Zur Auszahlung der hinterlegten Sicherheit an den Beklagten genügt ein das verurtheilende Erkenntniß I. Instanz abänderndes, den Klageanspruch abweisendes, wenngleich nur vorläufig vollstreckbares Urtheil. Die nach § 713 hinterlegte Sicherheit haftet als Ganzes und ist nicht ein Theil auszuzahlen, wenn das Urtheil wegen eines Theilbetrages rechtskräftig geworden ist.

An den Kläger ist die vom Beklagten hinterlegte Sicherheit zu zahlen, sobald er ein rechtskräftiges verurtheilendes Erkenntniß erstritten hat. Die Hinterlegung erscheint als eine Zahlung unter einer Resolutivbedingung und dient je nach dem Eintritt oder Nichteintritt der Bedingung zur Zahlung an den Obsiegenden.

Einer Ueberweisung des Anspruchs auf Auszahlung bedarf es nicht, da die Hinterlegungsstelle mit der Annahme der Sicherheit nicht Drittschuldnerin im Sinne des § 829 CPO. wird.

b) §§ 710, 713 Abs. 1, 839 CPO.:

Der Kläger erhält die von ihm hinterlegte Sicherheit zurück, wenn das Urtheil rechtskräftig geworden ist.

Ist die Zwangsvollstreckung gegen den Beklagten fruchtlos ausgefallen, so kann die Sicherheit schon vor Eintritt der Rechtskraft von dem Kläger gezahlt werden.

Das Gleiche kann geschehen, wenn der Kläger auf die Rechte aus der vorläufigen Vollstreckbarkeit verzichtet und der Hinterlegungsstelle die vollstreckbare Urtheilsausfertigung und die Hinterlegungsbescheinigung zurückgiebt.

c) § 732 Abs. 2 CPO.:

Die Sicherheit des Schuldners ist an diesen zurückzuzahlen, wenn er mit seinen Einwendungen gegen Zulässigkeit der Vollstreckungsklausel obgesiegt hat, und das zu vollstreckende erste Urtheil aufgehoben wird (§ 775 Ziff. 1);

an den Gläubiger nach Zurückweisung der Einwendungen und Rechtskraft in der Hauptsache.

d) § 769 CPO.:

Die Sicherheit bei Einwendungen gegen den Anspruch selbst ist an den Schuldner wie bei c zu zahlen, an den Gläubiger, wenn die Einwendungen verworfen sind, und das Urtheil in der Hauptsache rechtskräftig geworden ist.

e) §§ 771, 805 CPO.:

Das auf den Einspruch des Intervenienten ergangene Urtheil macht nur zwischen den Parteien Recht und dem zum Rechtsstreite nicht zugezogenen Schuldner gegenüber ist über das Eigenthum der gepfändeten und versteigerten Sachen nichts entschieden. Es bedarf deshalb seiner Einwilligung zur Zahlung des Versteigerungserlöses an den Interventionskläger; er ist an der Hinterlegung betheiligt, da er ein Interesse an der Auszahlung des Versteigerungserlöses an den Gläubiger hat.

Ist der Einspruch des Intervenienten zurückgewiesen, so erfolgt die Auszahlung an den Kläger ohne Pfändung und Ueberweisung des Anspruchs des Schuldners.

Die Sicherheit des Intervenienten ist an diesen zu zahlen, wenn sein Widerspruchsrecht durch vorläufig vollstreckbares Urtheil für begründet erachtet ist.

f) §§ 829, 835 CPO.:

Bei Pfändung des angeblichen Anspruchs des Schuldners an die Hinterlegungsstelle auf Auszahlung eines von ihm oder seinem Prozeßgegner hinterlegten Betrages hat die Hinterlegungsstelle zu prüfen, ob dem Schuldner der Anspruch auch wirklich zusteht.

Die Auszahlung ist nicht davon abhängig zu machen, daß der Beschluß auch dem Schuldner zugestellt ist, es genügt Zustellung an den Drittschuldner.

g) §§ 805, 769, 770 CPO.:

Nach Ablauf der gemäß § 769 Abs. 2 gesetzten Frist ist der Auktionserlös an den Gerichtsvollzieher auszuzahlen, wenn er bescheinigt, daß ihm innerhalb der Frist eine Entscheidung des Prozeßrichters bezw. die Klageerhebung nicht nachgewiesen ist, es bedarf keiner weiteren Anordnung des Vollstreckungsgerichts.

h) § 6 KO.;

Der Konkursverwalter ist befugt, in Auszahlung einer vor Eröffnung des Konkursverfahrens hinterlegten Sicherheit ohne Zustimmung des Gemeinschuldners zu willigen.

Die Beispiele a—h befinden sich im Einklange mit den Entscheidungen des Herrn Finanzministers in der Beschwerdeinstanz. (Siehe Erlasse S. 69—77 und S. 81 und Anm. 4 III zu § 14.) Weitere Beispiele siehe zu § 24 (Arrest).

§. 23.

Benachrichtigung auf das Auszahlungsgesuch.

Der Berechtigte ist binnen zehn Tagen nach Eingang des Gesuchs zu benachrichtigen, daß die Kasse zur Zahlung des Betrages an ihn angewiesen sei, oder von dem der Auszahlung entgegenstehenden Hinderniß in Kenntniß zu setzen.[1])

1. Siehe § 25 Abs. 4 u. § 27 Abs. 2 HO., siehe auch Anm. 1 zu § 22 u. Nr. 20, 24 Ausf.Best.

Die Hinterlegungskasse erläßt die Nachricht von der Zahlungsanweisung, die Hinterlegungsstelle benachrichtigt den die Auszahlung Betreibenden von den der Auszahlung entgegenstehenden Hindernissen.

§. 24.

Arreste und einstweilige Verfügungen.

Die Auszahlung von Beträgen, welche im Wege des Arrestes[1]) gepfändet oder nach den bisherigen Vorschriften mit Arrest belegt sind, findet nicht statt, so lange der Arrest zwischen den betheiligten Parteien nicht beseitigt[2]) ist.

Die vorstehende Bestimmung findet entsprechende Anwendung auf einstweilige Verfügungen, sowie auf die im Bezirk des Appellationsgerichtshofes in Cöln durch einen Gerichtsvollzieher zugestellten Einsprüche.[3])

1. Siehe Anm. 4 III zu § 14 u. 3a—h zu § 22.

2. Zur Beseitigung genügt eine vorläufig vollstreckbare Entscheidung, welche den Arrest aufhebt.

Dieser Paragraph hat den Fall im Auge, daß der Arrest von einem Dritten gegen den Empfangsberechtigten ausgebracht ist, nicht den, daß Geld im Wege des Arrestes gepfändet und hinterlegt ist (§ 930 CPO.).

Die Auszahlung an denjenigen, welcher den Arrest ausgebracht hat, setzt voraus, daß der Arrestbeklagte empfangsberechtigt ist, was die Hinterlegungsstelle zu prüfen hat; sie erfolgt an den Arrestkläger nach Ueberweisung (§ 856 CPO.).

Die Pfändungsankündigung gemäß § 845 CPO. hat die Wirkungen des Arrestes.

Die Aufhebung des Arrestes richtet sich nach den §§ 923 ff. CPO.

Ein Arrest kann auch gemäß § 325 StPO. ausgebracht werden.

Wegen der einstweiligen Verfügungen siehe §§ 935 ff. CPO.

3. Die nachstehenden **Beispiele** beziehen sich auf den Fall, daß Beträge **im Wege des Arrestes gepfändet** und **hinterlegt** sind und auf **Arrestsicherheiten** (§ 930, § 921 Abs. 2 u. § 923 CPO.).

a) § 921 Abs. 2 CPO.:

Die auf richterliche Anordnung hinterlegte Sicherheit haftet an sich nicht nur für ungenügende Bescheinigung des Arrestanspruchs, sondern auch für die Richtigkeit des Arrestgrundes und für diejenigen Nachtheile, die dem Arrestbeklagten durch die bloße Anordnung des Arrestes entstanden sein können. Diese Möglichkeit ist durch die Verurtheilung des Schuldners in der Hauptsache nicht ausgeschlossen, es bedarf daher zur Auszahlung der Sicherheit in der Regel der Einwilligung des Schuldners, wenn nicht aus dem Urtheil sich ergiebt, daß neben der Richtigkeit des Arrestanspruchs auch der Arrestgrund genügend nachgewiesen ist.

Der Herr Finanzminister hat jedoch in der Beschwerdeinstanz anerkannt, daß von der Beibringung der Zahlungseinwilligung der beklagten Partei ausnahmsweise Abstand genommen werden darf, wenn durch nachfolgendes Urtheil der Arrest für rechtmäßig erklärt worden ist, in welchem Falle dieses Urtheil und das den Schuldner in der Hauptsache verurtheilende rechtskräftige Erkenntniß genügt.

Dies kann insbesondere dann angenommen werden, wenn der Beklagte durch rechtskräftiges Erkenntniß verurtheilt ist, die Kosten des Arrestverfahrens zu tragen, weil dadurch, wenngleich die Entscheidungsgründe über diesen Punkt nichts enthalten, mittelbar ausgesprochen wird, daß die Anordnung des Arrestes gegen Hinterlegung der Sicherheit begründet gewesen ist. In dieser Beziehung gleicht die gerichtliche Entscheidung an und für sich einem Endurtheil, durch welches auf Widerspruch des Schuldners die Rechtmäßigkeit des Arrestes ausgesprochen ist. Durch einen solchen Urtheilsspruch zugleich mit der Verurtheilung des Schuldners in der Hauptsache wird in der Regel die Annahme begründet sein, daß auch ein genügender Arrestgrund vorgelegen habe, zum mindesten in dieser Hinsicht dem Gläubiger ein vertretbares Verschulden nicht zur Last falle.

b) §§ 923, 928 CPO.:

Die vom Schuldner zur Abwendung der Vollziehung des angeordneten Arrestes hinterlegte Sicherheit haftet nach seiner rechtskräftigen Verurtheilung in der Hauptsache dem Kläger ebenso wie eine Prozeßsicherheit. Die Auszahlung an den Kläger erfolgt ohne vorgängige Pfändung und Ueberweisung (siehe Anm. 3a zu § 22).

c) §§ 924, 925, 927, 894 CPO.:

Ist auf Aufhebung des Arrestes oder einer einstweiligen Verfügung, wenngleich nur durch vorläufig vollstreckbares Urtheil erkannt, so ist der Schuldner berechtigt, die Auszahlung der zur Hemmung des Arrestes hinterlegten Sicherheit zu verlangen, ohne daß es der Einwilligung des Klägers bedarf.

Der § 894 Satz 1 CPO. findet keine Anwendung, wenn durch das den Arrest aufhebende Urtheil der Kläger gleichzeitig zur Ertheilung der Einwilligung in die Auszahlung verurtheilt war.

d) §§ 924 ff. CPO.:

Zur Aufhebung des Arrestbefehls bedarf es nur im Falle eines erhobenen Widerspruchs eines richterlichen Aktes. Ist Seitens des Schuldners Widerspruch nicht erhoben, so wird die Aufhebung des vollzogenen Arrestes lediglich durch Verzichtleistung des Gläubigers gemäß §§ 843, 928 CPO. bewirkt.

e) § 930 Abs. 2 u. 3 CPO.:

Einer vorgängigen Pfändung und Ueberweisung des Anspruchs auf Auszahlung eines hinterlegten Versteigerungserlöses zu Gunsten des Klägers bedarf es nicht, es genügt vielmehr das in der Hauptsache ergangene den Beklagten verurtheilende rechtskräftige Erkenntniß.

(Die Beispiele sind entnommen aus S. 78—80 der Erlasse.)

Siehe auch § 29 HO.

§. 25.

Uebersendung durch die Post im Deutschen Reich.

Innerhalb des Gebiets des Deutschen Reichs geschieht, wenn der Berechtigte in dem Gesuche um Auszahlung es beantragt und soweit die Posteinrichtungen es gestatten, die Uebersendung des Betrages durch die Post. Kann die Uebersendung mittels einer Postanweisung geschehen, so ist sie auf diesem Wege zu bewirken.[1])

Uebersteigt der zu übersendende Betrag die Summe von 3000 Mark, so darf die Uebersendung durch die Post nur geschehen, wenn die Unterschrift des Berechtigten durch eine zur öffentlichen Beglaubigung von Unterschriften zuständige Behörde oder Urkundsperson beglaubigt[2]) ist. Der Aufnahme eines Protokolls über die Beglaubigung und der Zuziehung von Zeugen bedarf es nicht.

Die Kosten und die Gefahr der Uebersendung trägt der Berechtigte. Der Betrag des Portos ist von dem zu übersendenden Betrage zu kürzen.[3])

In die im §. 23 vorgeschriebene Benachrichtigung ist eine Mittheilung über die Absendung des Geldes aufzunehmen.

Der Postschein dient der Kasse als Rechnungsbeleg.

1. Siehe § 43 HO. Der Auszahlungsantrag geschieht in einfacher Schriftform, sofern der zu übersendende Betrag 3000 M. nicht übersteigt, bei höheren Beträgen ist die Unterschrift des Antragstellers zu beglaubigen.

Der Empfangsberechtigte darf die Uebersendung nicht nur an sich selbst, sondern auch an einen Dritten beantragen. Der Postschein dient auch in diesem Falle als Rechnungsbelag (FMErl. v. 24. 3. 1893).

Als Empfangsberechtigter gilt auch der Vertreter der Partei, sofern er durch die Hinterlegungserklärung oder durch besondere Vollmacht berechtigt ist. Die bloße

Prozeßvollmacht genügt nicht zur Stellung des Antrages auf Uebersendung durch die Post (siehe Verf. v. 24. 3. 93, I 2655, Erlasse S. 40 u. Anm. zu § 14).

Anträge auf Uebersendung durch die Post sind auch nach Erlaß der Ausgabeweisung zuzulassen. (Verf. v. 21. 4. 1891, I 2963, Erlasse S. 41.)

Bis zu 800 M. hat die Uebersendung mittelst Postanweisung zu erfolgen. (Staatsministerialbeschluß v. 18. 3. 1899 u. Verf. v. 30. 3. 1899, JMBl. S. 125.)

2. Die Unterschriftsbeglaubigung hat gerichtlich oder notariell zu erfolgen. (Verf. v. 18. 7. 1894, I 11350, Erlasse S. 93 u. 94, § 129 BGB.)

Die Beglaubigung ist stempelfrei (§ 35 Abs. 2 HO. u. Tarifstelle Nr. 77 Ziffer f des Stempelsteuergesetzes v. 31. 7. 1895, GS. S. 77 ff., sowie § 42 Abs. 2 Preuß. Ger.-Kost.-Ges., in der Fassung der Bekanntmachung v. 6. 10. 1899 (GS. S. 326).

3. Zur Deckung der Kosten einer Uebersendung durch die Post kann ein Vorschuß gefordert werden (§ 45 HO.).

Die nach den Ausgabeweisungen abzusendende Summe ist um den Betrag der Postanweisungsgebühr zu kürzen.

§. 26.

Uebersendung durch die Post nach dem Auslande.

Hat der Empfangsberechtigte im Auslande seinen Wohnort oder Aufenthaltsort, so kann auf seinen Antrag die Uebersendung des Betrages an ihn durch die Post geschehen, sofern das den Antrag enthaltende Gesuch mindestens der Unterschrift nach beglaubigt ist. Ob im Falle der Beglaubigung oder

der Aufnahme des Gesuchs durch eine Behörde oder Urkundsperson des Auslandes die Legalisation zu erfordern ist, hat die Hinterlegungsstelle zu ermessen.[1])

Wird dem Verlangen entsprochen, so finden die Vorschriften der drei letzten Absätze des §. 25 und die Vorschrift des §. 25 Abs. 1 über die Uebersendung mittels Postanweisung entsprechende Anwendung.

1. Für dieses Ermessen wird der § 438 CPO. einen geeigneten Anhalt geben.

Die Legalisation erfolgt durch einen Konsul oder Gesandten des Reichs.

§. 27.

Auszahlung unmittelbar an den Berechtigten.

Findet die Ueberſendung durch die Post nicht statt, so erfolgt die Auszahlung, sofern nicht besondere Umstände die Auszahlung unmittelbar bei der Kasse begründen, bei einer dem Wohnort des Empfängers nahe gelegenen oder einer sonstigen in dem Gesuch zu bezeichnenden Hinterlegungskasse oder Spezialkasse.[1]) [2])

In der im §. 23 vorgeschriebenen Benachrichtigung ist die Kasse, bei welcher die Auszahlung erfolgen soll, zu bezeichnen.

1. Siehe Anm. 1 zu §§ 22 u. 23. Die Auszahlung erfolgt gegen Quittung (§ 368 BGB.), die Schuld ist eine Holschuld (Art. 92 EG. z. BGB. u. Art. 11 AG. z. BGB.)

2. Wegen der Herausgabe von Werthpapieren siehe § 44.

§. 28.

Abtretung und sonstige Aenderungen in der Empfangsberechtigung.

Die Hinterlegungsstelle ist zur Berücksichtigung einer durch Heirath[1]) des Berechtigten, durch Abtretung[2]) der Forderung oder durch sonstige Umstände eingetretenen Aenderung in der Empfangsberechtigung nur verpflichtet, sofern ihr die Aenderung von einem Betheiligten schriftlich angezeigt ist.

1. Wegen der Heirath siehe §§ 1363 ff. BGB.

2. Wegen der Abtretung siehe §§ 398 ff. BGB. Der Cessionar, welcher Auszahlung beansprucht, hat den Nachweis der Empfangsberechtigung seines Cedenten zu erbringen (Verf. v. 9. 1. 1882, I 18 385, Erlasse S. 94).

Zu beachten sind auch §§ 6 u. 8 KO., danach kann nach der Eröffnung des Konkurses Zahlung nur an den Konkursverwalter erfolgen. Wegen dessen Quittungen siehe § 137 KO.

Die der Hinterlegungsstelle mitgetheilten Hindernisse der Auszahlung sind der Hinterlegungskasse zur Notirung in den Spezial- und Depositalmanualien mitzutheilen.

§. 29.

Hindernisse nach Erlaß der Auszahlungsweisung.

Wenn die Hinterlegungsstelle von einem der Auszahlung entgegenstehenden Hinderniß[1]) erst nach Abgang des Auftrages zur Auszahlung an eine andere Hinterlegungskasse oder an eine Spezialkasse in Kenntniß gesetzt wird, so kann die Staatskasse nicht aus dem Grunde in Anspruch genommen werden, weil bei der in Gemäßheit des Auftrages bewirkten Auszahlung das Hinderniß nicht berücksichtigt worden ist.

Der Auftrag ist jedoch für den Fall, daß derselbe noch nicht ausgeführt sein sollte, zurückzunehmen.

1. Hindernisse sind Pfändungen, Ueberweisungen, Arreste u. s. w., siehe Anm. zu § 28.

Die Kasse hat gegebenenfalls solche Hindernisse der Hinterlegungsstelle sofort anzuzeigen.

Siehe auch § 39.

§. 30.

Auszahlung muß erfolgen.

Das Gesuch um Auszahlung darf, unbeschadet der Vorschrift des § 24, nicht zurückgewiesen werden:

1. wenn durch rechtskräftige[2]) Entscheidung die Berechtigung zur Empfangnahme festgestellt oder die Auszahlung von der zuständigen Behörde angeordnet[1]) ist;
2. wenn der Antrag auf eine von der zuständigen Behörde auf die Hinterlegungsstelle ausgestellte Anweisung sich gründet;
3. wenn die Auszahlung durch Erklärung sämmtlicher Betheiligten bewilligt ist.[3])

Geht in den Fällen des Abs. 1 Nr. 1, 2 die Anordnung oder die Anweisung von einem Gericht

oder einer Auseinandersetzungsbehörde aus, so ist die Zuständigkeit von der Hinterlegungsstelle nicht zu prüfen.*)

1. Die Anordnung hat in urkundlicher Form oder Ausfertigung zu erfolgen (Anm. 4 zu § 20). Wichtig sind die neuen Bestimmungen in den §§ 109 und 715, 943 CPO., wonach das Gericht, welches die Bestellung der Sicherheit angeordnet oder zugelassen hat, auf Antrag die Rückgabe der Sicherheit anordnen kann, wenn die Voraussetzungen hierfür erfüllt bezw. nachgewiesen sind.

Vergleiche übrigens wegen des Nachweises der Empfangsberechtigung Anm. 2 u. 3 zu § 22 u. § 24.

2. Die Hinterlegungsstelle ist befugt, eine ausdrückliche Bescheinigung der Rechtskraft zu fordern, ein mit der Vollstreckungsklausel versehenes Urtheil genügt nicht (siehe Erlasse S. 97 u. 98).

---

*) Der letzte Absatz ist ein Zusatz, den Art. 84 III des AG. z. BGB. trifft.

Gemäß § 5 HO. hat an sich die Hinterlegungsstelle zu prüfen, ob die Behörde, welche die Anweisung, Anordnung oder das Ersuchen erläßt, hierzu zuständig ist. Da hierüber zwischen der Hinterlegungsstelle und jener Behörde verschiedene Ansichten bestehen können, und da weiter, wenn die Gerichte oder Auseinandersetzungsbehörden ersuchen, es an einer gemeinschaftlichen höheren zur Entscheidung berufenen Stelle fehlt, ist der Hinterlegungsstelle in diesen Fällen das Nachprüfungsrecht abgenommen worden (siehe Begründung zum Entwurf des AG. z. BGB. zu Art. 82 Nr. 3).

Für die Ersuchen u. s. w. anderer Behörden ist das Prüfungsrecht der Hinterlegungsstelle bestehen geblieben.

Letzteres reicht aber dann aus, wenn auf Grund dessen dem Gläubiger der Hinterlegungsbetrag überwiesen ist (§§ 836, 856 CPO.).

3. Wegen der Form der Bewilligung siehe Anm. 2 zu § 22 u. S. 99 u. 100 der Erlasse.

§. 31.

Ersuchen der zuständigen Behörde um Auszahlung.

Ersucht die für die Rechtsangelegenheit zuständige Behörde[1]) um Auszahlung des hinterlegten Geldes an sie selbst oder an eine in dem Ersuchen bezeichnete Person, so darf das Ersuchen nicht abgelehnt werden. **Die Vorschrift des §. 30 Abs. 2 findet entsprechende Anwendung.***)

Wenn gegen die Auszahlung ein Hinderniß sich ergiebt, so ist dasselbe unter Aussetzung der Auszahlung der ersuchenden Behörde mitzutheilen. Dem weiteren Ersuchen, die Auszahlung ungeachtet des Hindernisses zu bewirken, hat die Hinterlegungsstelle zu genügen.

1. Wegen der Ersuchen der Gerichte und Auseinandersetzungsbehörden siehe Anm. * zu § 30.

Für die Art der Auszahlung sind die Bestimmungen der §§ 25 ff. maßgeblich.

---

*) Der zweite Satz des Abs. 1 ist der dem § 30 entsprechende Zusatz, den Art. 84 IV des AG. z. BGB. macht.

§. 32.

Haftung der Staatskasse für Auszahlungen.

Ist hinterlegtes Geld nach Maßgabe der vorstehenden Bestimmungen ausgezahlt, so kann die Staatskasse auf Grund eines besseren Rechts zum Empfang nicht in Anspruch genommen werden.[1] [2])

1. d. h. sind die Bestimmungen der §§ 30 u. 31 befolgt, so ist die Haftung der Staatskasse darauf beschränkt, daß diese gesetzlichen Voraussetzungen für die Auszahlung vorliegen.

Im Uebrigen haftet die Staatskasse, soweit die Hinterlegungsstelle die Empfangsberechtigung selbstständig prüft, unbeschränkt, wenn später festgestellt wird, daß nicht der Empfänger, sondern ein anderer empfangsberechtigt war (siehe Anm. 2 zu § 22).

Diese Haftung bezieht sich nicht nur auf den Fall der Auszahlung hinterlegter Gelder, sondern auch auf die Herausgabe hinterlegter Werthpapiere und Kostbarkeiten (siehe § 39). Der wahre Empfangsberechtigte ist nicht an den unberechtigten Empfänger oder den schuldigen Beamten zu verweisen, sondern er hat sich unmittelbar an die Staatskasse zu wenden, die kraft ihres Schuldverhältnisses zum Berechtigten ihn aus eigenen Mitteln zu entschädigen hat. Die Staatskasse hat lediglich einen Rückgriff gegen den Empfänger und schuldigen Beamten.

2. Wegen Haftung des Fiskus für die Beamten in privatrechtlicher Hinsicht siehe §§ 89, 31 BGB. Art. 77, 78 EG. z. BGB. ermächtigt die Landesgesetzgebung auch für öffentlichrechtliche Schadenszufügungen eine Haftpflicht des Staats einzuführen, dies

ist im AG. z. BGB. aber nicht geschehen (siehe RG. Bd. 28 S. 340).

§§ 839, 840 BGB. behandelt die Haftung der Beamten selbst.

§. 33.

Auszahlung an einen Vormund, Konkursverwalter u. s. w.

Wird die Verwaltung eines Vermögens oder eines Vermögensstücks unter Aufsicht eines Gerichts oder einer sonstigen öffentlichen Behörde geführt, so kann die Hinterlegungsstelle die Auszahlung hinterlegten Geldes an den Verwalter (Vormund, Pfleger, Kurator, Konkursverwalter) von der Beibringung einer Bescheinigung der Aufsichtsbehörde über die Legitimation des Verwalters zur Empfangnahme abhängig machen. Die Bescheinigung ist nach dem Ermessen der Aufsichtsbehörde für die Dauer des Amts des Verwalters ein- für allemal oder für den einzelnen Fall zu ertheilen.

Die Beibringung der Bescheinigung ist nicht zu verlangen:

1. wenn die Aufsichtsbehörde die Empfangnahme durch den Verwalter genehmigt;
2. bei Auszahlung an einen Vormund (Pfleger):
   a) **wenn die hinterlegte Masse nicht mehr als dreihundert Mark beträgt oder der Gegenvormund die Empfangnahme genehmigt,***) [1])
   b) wenn aus der vorgelegten Bestallung sich

ergiebt, daß der Vormund zur Einziehung von Kapitalien der Genehmigung eines Gegenvormundes nicht bedarf,[2])

c) wenn die Ausfertigung eines die Empfangnahme durch den Vormund genehmigenden Beschlusses des Familienraths vorgelegt wird;[3])

3. bei Auszahlung an den Verwalter eines nach dem Inkrafttreten der deutschen Konkursordnung eröffneten Konkursverfahrens, wenn das Konkursgericht bescheinigt, daß ein Gläubigerausschuß nicht bestellt ist.[4])

Ist die im ersten Absatz bezeichnete Bescheinigung beigebracht oder nach den Vorschriften des zweiten Absatzes nicht zu verlangen, so kann die Staatskasse auf Grund eines Mangels der Legitimation des Verwalters zum Empfang des ihm ausgezahlten Geldes nicht in Anspruch genommen werden.

1. §§ 1813 Ziff. 2, 1812 BGB.

2. §§ 1852, 1855, 1791, 1792 BGB. Dem Vater und der ehelichen Mutter als Vormund eines Volljährigen steht die Befreiung von der Genehmigung des Gegenvormundes nach dem Gesetze zu (siehe §§ 1903, 1904 BGB. und Anm. 1 zu § 47 a).

3. §§ 1872 ff. BGB. Auf die Herausgabe von Kostbarkeiten an einen Vormund (Pfleger) finden die Be-

*) Abgeändert durch Art. 84 V AG. z. BGB. (siehe Begr. z. Entwurf AG. z. BGB. zu Art. 82 Nr. 4.

stimmungen des § 33 Abs. 1 u. 2 keine Anwendung, wohl aber auf die Herausgabe von Werthpapieren (§ 46 HO.). Vergl. auch die §§ 47a bis 51.

4. § 137 KO. siehe Verf. vom 13. 5. 1891, I 6580, Erlasse S. 81/82.

§. 34 ist aufgehoben durch § 26 des Gesetzes vom 18. 4. 1887 (GS. S. 117 ff.).

§. 35.

Gebühren.

Die Gebühr des Gerichtsvollziehers für die Beurkundung der Aufgabe des Geldes zur Post (§. 17) beträgt achtzig Pfennig. Die Urkunde unterliegt, wenn der Betrag des Geldes die Summe von hundertundfünfzig Mark erreicht, einer Stempelabgabe von fünfzig Pfennig. Bei einem geringeren Betrage ist dieselbe stempelfrei.

Die Beglaubigung der Unterschriften der Gesuche um Auszahlung im Falle des §. 25 Abs. 2 ist stempelfrei. Geschieht die Beglaubigung gerichtlich oder notariell, so ist für dieselbe eine Gebühr von drei Mark zu entrichten.[1])

1. Siehe § 42 Abs. 2 des Preußischen Gerichtskostengesetzes in der Fassung der Bekanntmachung vom 6. 10. 1899, GS. S. 326) und § 5 der Gebührenordnung für Notare in der Fassung der Bekanntmachung vom 6. 10. 1899 (GS. S. 374 ff.).

Vergl. Anm. 1 zu § 25.

Dritter Titel.

Hinterlegung von Werthpapieren und Kostbarkeiten.

§. 36.

Aufbewahrung der Werthpapiere.

Werthpapiere und Kostbarkeiten werden unverändert verwahrt.

Münzen[1]) und Werthzeichen können als Kostbarkeiten hinterlegt werden.

1. Siehe § 11 Abs. 2 u. Anm. 8 zu § 1.

Der **§. 37**, betreffend die Außerkurssetzung, ist gestrichen, da diese nach Art. 176 Einführungsgesetz zum Bürgerlichen Gesetzbuch nicht mehr stattfindet. Die Außerkurssetzungsvermerke haben seit dem 1. Januar 1900 ihre Wirkung verloren.

Siehe Art. 84 VI AG. z. BGB.

Nach Art. 101 EG. z. BGB. ist jedoch für die auf den Inhaber lautenden Schuldverschreibungen eine Umschreibung auf den Namen zugelassen und durch Art. 18 AG. z. BGB. für Preußen geregelt (siehe auch allgem. Verf. vom 30. 12. 1899, JMBl. 1900 S. 4ff. und Anweisung vom 15. 12. 1899, BMBl. 1899 S. 263).

Wegen Umschreibung auf den Namen durch den Vormund siehe § 1815 BGB., sonstige Fälle §§ 806, 1393 BGB.

Wegen der Anlegung von Mündelgeld vergl. Anm. 9 zu § 1.

§. 38.

Ueberwachung der Auslossung und Kündigung.

Die Hinterlegungskasse ist nicht verpflichtet:

1. die Auslosung oder Kündigung der[1][2]) Werthpapiere zu überwachen;
2. für die Einziehung neuer Zins- oder Dividendenscheine oder der Beträge fälliger Zins- oder Dividendenscheine von Amtswegen zu sorgen.

1. Trotz dessen ist der Kasse von aufsichtswegen die Ueberwachung der Auslosung und Kündigung der Werthpapiere insoweit zur Pflicht gemacht, als hierüber in den Auslosungs- und Kündigungstabellen des Reichs- und Staatsanzeigers Veröffentlichungen erfolgen (siehe des Näheren Nr. 27 u. 23 Ausf.Best. u. FM.Erl. vom 13. 5. 1886, I 3310, FMBl. S. 140 und Erlasse S. 41/42.)

Die Betheiligten sind davon zu benachrichtigen u. s. w.

2. Nach dem Erlaß vom 31. 12. 1895 — FM. I 22145 — ist den Ersuchen der Generalkommissionen um Versilberung von Rentenbriefen zu entsprechen, den Hinterlegungsstellen bezw. -Kassen zur Pflicht gemacht.

§. 39.

Anwendung des zweiten Titels.

Auf das Verfahren finden die Vorschriften der §§. 12 bis 18, 20 bis 33, 35 entsprechende An-

wendung, soweit nicht Abweichungen aus den Bestimmungen dieses Titels sich ergeben.*)

§. 40.

Hinterlegungserklärungen bei Werthpapieren u. s. w.

Die nach §. 14 erforderliche Erklärung[1]) muß an Stelle der in Nr. 2 vorgeschriebenen Angaben enthalten:

1. bei Hinterlegung von Werthpapieren:
   a) die Bezeichnung der Werthpapiere nach Gattung, Nummern und Nennbetrag, sowie nach den etwaigen sonstigen Unterscheidungsmerkmalen;
   b) falls mit den Werthpapieren die zu denselben gehörigen Talons oder Zins- oder Dividendenscheine hinterlegt werden, die hierauf bezüglichen Angaben;
   c) falls Talons oder Zins- oder Dividendenscheine zu Werthpapieren hinterlegt werden, welche bei der Kasse sich bereits in Verwahrung befinden, eine Bezugnahme auf

*) Abgeändert durch Art. 84 VII AG. z. BGB.

Die Abänderung erfolgte entsprechend dem neuen Inhalt der §§ 18 u. 19; der Abs. 2 ist weggelassen, da er durch die Aufhebung des Rheinischen BGB. gegenstandslos geworden ist. Begr. zu Art. 82 Nr. 6.

die in Betreff der Werthpapiere selbst vorgelegte Erklärung;

2. bei Hinterlegung von Kostbarkeiten die Bezeichnung derselben nach Gattung und Stoff, sowie nach den etwaigen sonstigen Unterscheidungsmerkmalen und besonderen Eigenschaften.

1. Wegen der Form der Hinterlegungserklärungen siehe Nr. 4 Ausf.Best. und Anm. 1 zu § 14; siehe auch § 50.

§. 41.

Einstweiliger Empfangsschein.

Wenn Werthpapiere an einem Hinterlegungstage unmittelbar der Kasse übergeben werden, so ist ein einstweiliger Empfangsschein[1]) sofort zu ertheilen und die im §. 16 vorgeschriebene Bescheinigung dem Hinterleger oder dem, welcher in dessen Vertretung die Hinterlegung bewirkt hat, binnen drei Tagen nach der Uebergabe zuzusenden.

1. Siehe Nr. 15 Ausf.Best. und Anm. 1, 2, 3 zu § 16.

§. 42.

Abschätzung der Kostbarkeiten.

Kostbarkeiten kann die Hinterlegungsstelle durch einen Sachverständigen abschätzen oder behufs der Feststellung ihrer Beschaffenheit und ihres Zustandes besichtigen lassen.

Der Bescheinigung über die erfolgte Hinterlegung ist eine Abschrift des Gutachtens beizufügen und, daß dies geschehen, in der Bescheinigung zu vermerken.[2])

Die durch die Abschätzung oder Besichtigung veranlaßten Kosten hat der Hinterleger zu tragen.

Die Einziehung der Kosten geschieht in dem für die Beitreibung der öffentlichen Abgaben vorgeschriebenen Verfahren.[1]) Vor Erstattung derselben kann die Herausgabe der hinterlegten Sache nicht beansprucht werden.

1. Siehe Verordn. betr. das Verwaltungszwangsverf. wegen Beitreibung von Geldbeträgen vom 15. 11. 1899 (GS. S. 545) nebst Ausf.-Anweisung und Nr. 16 Ausf.-Best.

2. Siehe § 16 Anm. 1.

§. 43.

Uebersendung von Werthpapieren und Kostbarkeiten durch die Post.

Die Vorschriften des §. 25 Abs. 2 finden auf die Uebersendung von Werthpapieren und Kostbarkeiten an den Berechtigten Anwendung, wenn der Werth des zu übersendenden Gegenstandes den Betrag von dreitausend Mark übersteigt.

Der Werth von Kostbarkeiten, deren Abschätzung stattgefunden hat, bestimmt sich nach dem Ergebniß der Abschätzung. Im Uebrigen tritt die Schätzung der Hinterlegungskasse ein. Bei Werthpapieren, welche einen Börsenpreis haben, ist der Kurswerth der Schätzung zu Grunde zu legen.[1])

1. Siehe Anm. zu § 25 u. Nr. 22 Ausf.Best.

§. 44.

Uebersendung an eine andere Kasse.

Die zum Zweck der Herausgabe an den Berechtigten erfolgende Uebersendung von Werthpapieren und Kostbarkeiten an die Kasse einer anderen Hinterlegungsstelle oder an eine Spezialkasse geschieht auf Kosten und Gefahr des Berechtigten durch die Post.[1])

1. Siehe § 27 u. § 12 A. 1.

§. 45.

Kosten der Uebersendung.

Zur Deckung der Kosten einer Uebersendung durch die Post kann ein Vorschuß verlangt und von der Leistung desselben die Uebersendung abhängig gemacht werden.[1]) Auf die Kosten finden die Vorschriften im letzten Absatz des §. 42 Anwendung.

1. Siehe § 25 u. Anm. dazu.

§. 46.

Herausgabe von Kostbarkeiten an einen Vormund.

Die Vorschriften des § 33 Abs. 1, 2 finden auf die Herausgabe von Kostbarkeiten an einen Vormund

(Pfleger) keine Anwendung.*) Die Genehmigung des Vormundschaftsgerichts oder des Gegenvormunds ist nicht erforderlich.

§. 47.

Besondere Vorschriften für die Hinterlegung von Werthpapiern und Kostbarkeiten durch einen Vormund.

Für die Hinterlegung von Werthpapieren oder Kostbarkeiten des Mündels durch den Vormund (Pfleger) gelten die besonderen Vorschriften der §§. 47a bis 51.**)

§. 47a.

Hinterlegung von Inhaber- und Orderpapieren durch den Vormund.

Zur Hinterlegung von Inhaberpapieren, mit Ausnahme von Zins-, Renten- und Gewinnantheilscheinen, sowie von Orderpapieren, die mit Blankoindossament versehen sind, bedarf es keiner Mitwirkung des Vormundschaftsgerichts, sofern sich nicht aus

---

*) Die Abänderung entspricht dem Art. 84 VIII AG. z. BGB.

Zur Empfangnahme von Werthpapieren bedarf es der Genehmigung nach Maßgabe der Vorschriften des § 33 Abs. 1 u. 2, nur zur Empfangnahme von Kostbarkeiten bedarf es dieser nicht (Begr. zu Art. 82 Nr. 7 u. Anm. 3 zu § 33 HO.)

**) Die §§ 47, 47a u. 48 sind abgeändert durch Art. 84 IX AG. z. BGB.

der vorgelegten Bestallung ergiebt, daß der Vormund zur Hinterlegung nicht verpflichtet ist.[1] [2] [3] **Es genügt die Beobachtung der §§. 14, 15 und 40.**

Mit einem Inhaberpapiere kann der Erneuerungsschein hinterlegt werden.*)

1. Vergl. § 1814 BGB. u. Anm. 10b zu § 18.

Die Hinterlegung ist mit der Maßgabe zu bewirken, daß die Herausgabe nur mit Genehmigung des Vormundschaftsgerichts erfolgen kann.

Die Hinterlegungspflicht kann von dem Vater oder der ehelichen Mutter des Minderjährigen erlassen werden und ist für den Vater oder die eheliche Mutter als Vormund eines Volljährigen gesetzlich ausgeschlossen (§§ 1852, 1855, 1903, 1904 BGB. u. Anm. 2 zu § 33).

2. Die Hinterlegung von Inhaberpapieren und Orderpapieren mit Blankoindossament, die nach § 92 BGB. zu den verbrauchbaren Sachen gehören, sowie von Zins-, Renten- und Gewinnantheilscheinen erfolgt nur auf Anordnung des Vormundschaftsgerichts (§ 1818 BGB.). Es ist hierbei an solche Papiere gedacht, welche nach ihrer konkreten Bestimmung nicht zur Hinterlegung, sondern zur Veräußerung zu verwenden sind, wie Banknoten, zum Umsatz bestimmte mit Blankogiro versehene Wechsel, oder solche Inhaberpapiere, die Bestandtheile des Betriebsfonds eines zum Mündelvermögen gehörenden Erwerbsgeschäfts bilden (siehe Begr. zu Art. 82 Nr. 8).

---

*) Siehe Anm. zu § 47.

§ 47a ersetzt seinem Inhalte nach den früheren § 52 HO.

3. Wegen der Hinterlegung der Werthpapiere bei anderen Hinterlegungsstellen, als den Regierungshauptkassen siehe Anm. 8 zu § 1.

§. 48.

Hinterlegung anderer Werthpapiere durch den Vormund auf Anweisung des Vormundschaftsgerichts.

Die Hinterlegung von Werthpapieren, die nicht nach §. 47a hinterlegt werden können, sowie von Kostbarkeiten geschieht auf Grund einer dem Vormunde (Pfleger) von dem Vormundschaftsgerichte zu ertheilenden Anweisung.*) [1]

1. Vergl. Anm. 1, 2, 3 zu § 47a und § 1818 BGB. Gemäß § 50 ist die Anweisung bei der Hinterlegung beizufügen.

§. 49.

Inhalt der Anweisung.

Die Anweisung[1]) muß außer den in dem §. 40 Nr. 1, 2 vorgeschriebenen Angaben enthalten:

1. den Namen, Stand oder Gewerbe und Wohnort des Vormundes;
2. den Namen, Wohnort und, soweit es thunlich, das Alter und den Stand oder das Gewerbe des Mündels oder die Bezeichnung der Angelegenheit, in welcher die Hinterlegung erfolgen soll;

---

*) Siehe Anm. zu § 47.

3. die Angabe des Grundes, aus welchem die Vormundschaft eingeleitet worden ist;
4. die Bezeichnung der Hinterlegungsstelle, bei welcher die Hinterlegung erfolgen soll.

1. Siehe §§ 48 u. 50 u. Nr. 17 der Ausf.Best.

§. 50.

Hinterlegung auf Grund der Anweisung.

Bei der Uebergabe zur Hinterlegung ist die Anweisung[1]) nebst einer Abschrift derselben vorzulegen oder mit den zu hinterlegenden Gegenständen einzusenden. Die Kasse behält die Abschrift zurück und bescheinigt[2]) auf der Anweisung die erfolgte Hinterlegung.

1. Die Anweisung ist im Gegensatz zu § 14 nicht in zwei Exemplaren, sondern in Ur- und Abschrift einzureichen, sie vertritt die Hinterlegungserklärungen. (Siehe § 14 u. § 40 HO.)

2. Die Hinterlegungsbescheinigung wird auf der Urschrift ertheilt, welche an den Hinterleger geht (§ 16 u. Anm.).

Wegen Behandlung der Abschrift der Anweisung siehe Nr. 18 Ausf.Best.

§. 51.

Herausgabe an den Vormund.

Zur Herausgabe an den Vormund bedarf es der Genehmigung des Vormundschaftsgerichts.[1])

1. Siehe §§ 1814, 1819 BGB. und Anm. 1 zu § 47a sowie § 33a 1—3.

Ist die Genehmigung aber ertheilt, so quittirt der Vormund selbstständig über den Empfang.

§. 52.

Hinterlegung von Werthpapieren u. s. w. durch Vater oder Mutter.

Auf die Hinterlegung von Werthpapieren oder Kostbarkeiten eines unter elterlicher Gewalt stehenden Kindes durch den Vater oder die Mutter [1]) finden die Vorschriften der §§. 48 bis 51 entsprechende Anwendung.*)

1. Nach § 1667 Abs. 2 Satz 4 BGB. kann das Vormundschaftsgericht dem Vater die Verpflichtung auferlegen, die zum Vermögen seines Kindes gehörenden Werthpapiere oder Kostbarkeiten zu hinterlegen; das Gleiche gilt gegenüber der Mutter als Inhaberin der elterlichen Gewalt (§ 1686 BGB.).

Die Bestimmungen wegen der Anweisung (§ 49) finden entsprechende Anwendung. (Siehe Begr. zu Art. 82 Nr. 8 am Schluß.)

Vierter Titel.

Einstellung der Verzinsung und Aufgebot.

§. 53.

Einstellung der Verzinsung.

Die Verzinsung hinterlegten Geldes ist mit dem Ablauf von zehn Jahren, vom Beginn der Verzinsung an gerechnet, einzustellen.[1]) [2])

---

*) Neue Bestimmung gemäß Art. 84 X AG. z. BGB., der frühere § 52 ist seinem Inhalt nach jetzt durch § 47a ersetzt.

1. Diese Frist beginnt für diejenigen Massen, welche von den früheren Hinterlegungsstellen an die auf Grund der Hinterlegungsordnung errichteten Hinterlegungsstellen abgegeben sind, mit dem 1. 10. 1879, dem Tage des Inkrafttretens der Hinterlegungsordnung. (§ 106 HO.)

Wegen der Verzinsung siehe § 10 u. Anm.

2. Wegen des Verfahrens betr. Einstellung der Verzinsung siehe Nr. 41 Ausf.Best. und die Runderlasse des FM. vom 15. 3. 1882, I 1866; 1. 7. 1884, I 5953; 27. 8. 1889, I 5366; 8. 6. 1892, I 7931; 13. 5. 1893, I 5003 (S. 42—48 der Erlasse).

§. 54.

Hemmung der Einstellung der Verzinsung.

Wenn ein Betheiligter[1]) vor Ablauf der Frist unter dem Nachweise der Fortdauer der Veranlassung zur Hinterlegung die Fortsetzung der Verzinsung beantragt, so beginnt die Einstellung der Verzinsung erst mit dem Ablauf von zehn Jahren vom Ende des Monats an gerechnet, in welchem das den Antrag enthaltende Gesuch[2]) bei der Hinterlegungsstelle angebracht ist.

1. bezw. sein gesetzlicher Vertreter, siehe Motive S. 47.

2. Das Gesuch braucht sich nicht auf den ganzen hinterlegten Betrag zu beziehen; die Voraussetzungen für die Fortsetzung der Verzinsung können sich wiederholt äußern.

Siehe auch die Runderlasse des FM. vom 3. 2. 1894, I 17196/93 und 27. 2. 1894, I 659 (Erlasse S. 49/50).

§. 55.

Wiedereintritt der Verzinsung.

Wird nach Einstellung der Verzinsung ein den Vorschriften des §. 54 entsprechendes Gesuch bei der Hinterlegungsstelle angebracht, so tritt die Verzinsung mit dem ersten Tage des nächstfolgenden Monats wieder ein.

§. 56.

Fortsetzung der Verzinsung.

Im Falle der Zurückweisung eines Gesuchs um Auszahlung des Geldes finden in Ansehung der Fortsetzung der Verzinsung die §§. 54, 55 entsprechende Anwendung, wenn anzunehmen ist, daß zur Zeit der Anbringung des Gesuchs die Veranlassung zur Hinterlegung noch fortdauerte.[1])

1. d. h. es werden die zurückgewiesenen Auszahlungsgesuche den die Fortsetzung der Verzinsung ausdrücklich beantragenden Gesuchen gleichgestellt, sofern nach der Beschaffenheit des Falls und dem Inhalt des Gesuchs anzunehmen ist, daß zur Zeit der Anbringung des Gesuchs die Veranlassung zur Hinterlegung noch fortdauerte; dies ist auch für Gesuche um Theilauszahlungen anzunehmen.
Siehe auch § 66.

§. 57.

Bekanntmachung der aufzubietenden Masse.

Spätestens zwei Wochen vor Beginn jedes Kalendervierteljahres ist ein Verzeichniß der Massen, bei welchen im Laufe des Vierteljahres die Einstellung der Verzinsung bevorsteht, durch Anheftung an die Gerichtstafel der Amtsgerichte im Bezirk der Hinterlegungsstelle und durch einmalige Einrückung in den Anzeiger der innerhalb dieses Bezirks erscheinenden Amtsblätter öffentlich bekannt zu machen.

In das Verzeichniß sind die im §. 14 Abs. 2 Nr. 1, 2, Abs. 3, §. 19 Abs. 3 bezeichneten Angaben, sowie der wesentliche Inhalt der im §. 14 Abs. 2 Nr. 3 bezeichneten Angabe aufzunehmen. Die Angabe des Vertreters des Hinterlegers (§. 14 Abs. 2 Nr. 1) ist nicht erforderlich.

Die anzuheftenden Verzeichnisse sind vor Ablauf von drei Monaten seit der Anheftung von dem Orte derselben nicht zu entfernen.[1])

1. Wegen des Verfahrens bei der Bekanntmachung siehe FM.Erlasse vom 27. 8. 1889, I 5366, 6. 2. 1893, I 18046/92, 5. 12. 1893, I 18641, und den gemeinschaftl. Erlaß vom 5. 12. 1893, JM. I 4891 / FM. I 18641 (siehe Erlasse S. 50—52).

§. 58.

Aufgebot, Aufforderung zur Anmeldung von Ansprüchen.

Hat binnen 20 Jahren nach der Einstellung oder nach der letzten Einstellung der Verzinsung[1]) die Auszahlung des Geldes nicht stattgefunden, so können die Betheiligten im gerichtlichen Aufgebotsverfahren[2]) zur Anmeldung ihrer Ansprüche aufgefordert werden.

1. Die zeitigste Frist ist also 30 Jahr seit Beginn der Verzinsung.

Es ist anzunehmen, daß nur ein Aufgebot des hinterlegten Kapitals, nicht auch der Hinterlegungszinsen allein erfolgen soll.

Wegen Abführung kleinerer Zinsrückstände nach Ausschüttung des Kapitals zum allgemeinen Staatsfonds siehe FM.Erlaß vom 15. 2. 1883, I 381.

Wegen der nachträglichen Auszahlung siehe FM.-Erlasse vom 27. 8. 1889, I 5366 II, und vom 18. 5. 1880, I 7222; 6. 3. 1880, I 2602; 10. 4. 1880, I 5180; 1. 7. 1884, I 5953; 8. 6. 1892, I 7931; 13. 5. 1893, I 5003 (Erlasse S. 46/47; siehe auch Anm. 2 zu § 58a).

2. Die Bestimmungen der §§ 946 ff. CPO. betr. das Aufgebotsverfahren sind entsprechend anzuwenden; siehe auch § 11 EG. z. CPO. u. §§ 20—22 u. 27, 28 AG. z. CPO. vom 22. 9. 1899, GS. S. 284.

§. 58a.

Frist für das Aufgebot.

In den Fällen des §. 382, des §. 1171 Abs. 3 und des §. 1269 Satz 3 des Bürgerlichen Gesetzbuchs kann der Erlaß des Aufgebots nicht vor dem Ablaufe von einunddreißig Jahren beantragt werden. [1])

Die einunddreißigjährige Frist beginnt:

1. **im Falle des §. 382 mit dem Ende des Monats, in welchem der Gläubiger die Anzeige des Schuldners von der Hinterlegung empfangen hat;** [2])
2. **in den Fällen des §. 1171 Abs. 3 und des §. 1269 Satz 3 mit der Erlassung des Urtheils, durch welches der Gläubiger mit seinem Rechte**

ausgeschlossen ist; das Gericht hat das Ausschlußurtheil der Hinterlegungsstelle mitzutheilen. *) [3])

1. Nach Art. 145 Abs. 1 EG. z. BGB. ist in den Fällen der §§ 382, 1171 Abs. 3 u. § 1269 Satz 3 BGB. dem Hinterleger mindestens während eines Jahres von dem Zeitpunkte an, mit welchem das Recht des Gläubigers auf den hinterlegten Betrag erlischt, dessen Zurücknahme zu gestatten.

Nach § 382 a. a. O. erlischt das Recht des Gläubigers mit dem Ablaufe von 30 Jahren nach dem Zeitpunkte, in welchem er die im § 374 Abs. 2 vorgeschriebene Anzeige von der Hinterlegung durch den Schuldner, oder in dessen Namen von der Hinterlegungsstelle empfangen hat, (siehe § 18 Abs. 3 HO.), falls sich nicht der Gläubiger vorher bei letzterer meldet. (Siehe Anm. 1—8 zu § 18.)

Nach §§ 1171 Abs. 3 u. 1269 Satz 3 a. a. O. erlischt das Recht des unbekannten Hypotheken- oder Schiffspfandgläubigers auf den hinterlegten Betrag mit Ablauf von 30 Jahren nach Erlaß des Ausschlußurtheils. Demgemäß mußte in Ergänzung des § 58 für die bezeichneten Fälle eine andere Art für die Berechnung der Aufgebotsfrist eingeführt werden (siehe auch FM.Erlaß vom 15. 12. 1899, I 16164).

2. Die Anzeige der Hinterlegungsstelle steht gemäß § 18 der Anzeige des Schuldners gleich.

3. Wegen Ermittelung des Zeitpunktes des Erlasses des Aufgebots in den Fällen der §§ 58 a, 58 b, siehe auch §§ 64, 67 HO., ist in Abänderung des

---

*) Dieser Paragraph ist ein Zusatz gemäß Art. 84 XI AG. z. BGB. (siehe Begr. zu Art. 82 AG. z. BGB. Nr. 9 a).

Erlasses vom 1. 7. 1884, I 5953, nunmehr der FM.Erlaß vom 15. 3. 1900, I 2768 zu beachten. Es ist im Falle des § 58b Abs. 2 Nr. 2, (§ 64) der Zeitpunkt für den Erlaß des Aufgebots sogleich beim Erlasse der Annahmeweisung von der Hinterlegungsstelle festzusetzen, wogegen in den Fällen der §§ 58a und 58b Abs. 2 Nr. 1 (§§ 64, 67) in der Annahmcweisuug die Bestimmung ausdrücklich vorzubehalten ist; erst wenn gegebenenfalls nach den angestellten Ermittelungen dieser Termin feststeht, ist er von der Hinterlegungsstelle der Hinterlegungskasse mitzutheilen, welche ihn dann ihrerseits im Spezialmanual vermerkt.

§. 58b.

Weitere Fristen für das Aufgebot.

Ist die Hinterlegung auf Grund des §. 117 Abs. 2 oder der §§. 120, 121, 124, 126 des Gesetzes über die Zwangsversteigerung und die Zwangsverwaltung vom 24. März 1897 (Reichs-Gesetzbl. S. 97) erfolgt, so ist der Aufgebotsantrag nicht vor dem Ablaufe von einunddreißig Jahren zulässig.[1])

Die einunddreißigjährige Frist beginnt:

1. in den Fällen der §§. 120, 121 mit dem Eintritte der Bedingung, unter welcher die Hinterlegung erfolgt ist; die Hinterlegungsstelle hat den Eintritt der Bedingung soweit thunlich zu ermitteln; ist der Eintritt der Bedingung nicht ermittelt, so beginnt die Frist mit der Einstellung oder der letzten Einstellung der Verzinsung;[2])

2. in den übrigen Fällen mit dem Ende des Monats, in welchem die Hinterlegung erfolgt ist.*)[3])

1. Nach § 142 ZVG. erlöschen in den Fällen des § 117 Abs. 2 und der §§ 120, 121, 124, 126 die Rechte der Betheiligten auf die für sie hinterlegte Summe mit dem Ablaufe von 30 Jahren, wenn nicht der Empfangsberechtigte sich vorher bei der Hinterlegungsstelle meldet. Nach Ablauf dieser Frist ist zur Abhebung derjenige berechtigt, welcher zur Zeit des Zuschlags Eigenthümer des Grundstücks war; gemäß Art. 145 Abs. 1 Satz 2 EG. z. BGB. ist dem fr. Eigenthümer ein Jahr zur Erhebung der Masse freigelassen. Die Frist, nach deren Ablauf das Aufgebot beantragt werden kann, beträgt somit 31 Jahr, sie berechnet sich gemäß Ziffer 1 u. 2 des Textes.

2. In den Fällen des § 121 tritt die Bedingung der Regel nach mit dem Tode des Berechtigten ein.

3. Als frühester Zeitpunkt ergiebt sich gemäß § 117 Abs. 2 u. §§ 124, 126 derjenige der Hinterlegung, bezw. gemäß § 10 Abs. 2 u. § 64 HO. das Ende des Monats, in welchem die Hinterlegung erfolgt.

§. 59.

Zuständiges Amtsgericht.

Für das Verfahren ist das Amtsgericht zuständig, in dessen Bezirk die Hinterlegungsstelle ihren Sitz hat.[1])

1. Siehe §§ 946—959 CPO. u. Anm. 2 zu § 58.

---

*) Zusatz gemäß Art. 84 XI AG. z. BGB. (siehe Begr. zu Art. 82, 9b.).

Vergl. auch die Anmerkungen zu § 58 a.

§. 60.

Aufgebotsantrag.

Zu dem Antrage auf Erlaß des Aufgebots ist die Hinterlegungsstelle berechtigt.

§. 61.

Begründung des Antrags.

Zur Begründung des Antrages sind beizubringen:

1. die Urschrift oder eine Abschrift der bei der Hinterlegung vorgelegten Erklärung;
2. ein Zeugniß der Behörde über den Tag, an welchem die Hinterlegung des Geldes bewirkt, sowie über den Tag, mit welchem die Verzinsung des Geldes eingestellt oder zuletzt eingestellt worden ist;
3. die bei der Hinterlegungsstelle angebrachten Gesuche um Fortsetzung der Verzinsung oder um Auszahlung des Geldes oder ein Zeugniß der Behörde, daß solche Gesuche nicht angebracht sind;
4. **im Falle des §. 58a Abs. 2 Nr. 1 ein Zeugniß der Behörde über den Tag, an welchem der Gläubiger die Anzeige von der Hinterlegung empfangen hat,**

   in den Fällen des §. 58a Abs. 2 Nr. 2 das der Hinterlegungsstelle mitgetheilte Ausschlußurtheil,

   in den Fällen des §. 58b Abs. 2 Nr. 1 ein Zeugniß der Behörde über den Tag, an welchem

die Bedingung eingetreten ist, oder darüber, daß der Eintritt der Bedingung nicht hat ermittelt werden können.*)

§. 62.

Ausschließung der Betheiligten.

Als Rechtsnachtheil ist anzudrohen, daß die Ausschließung der Betheiligten mit ihren Ansprüchen gegen die Staatskasse erfolgen werde.[1])

1. Die Ablieferung der sog. herrenlosen Depositalmassen an die Justizoffizianten-Wittwenkasse im Geltungsbereiche der Depositalordnung von 1783 ist beseitigt (siehe Motive).

§. 63.

Aufgebot von Beträgen unter 30 M. und Werthpapieren.

Die Vorschriften der §§. 58 bis 62 finden auf Geld, dessen Betrag die Summe von dreißig Mark nicht erreicht, sowie auf Werthpapiere und Kostbarkeiten entsprechende Anwendung,[1]) soweit nicht aus den nachfolgenden Bestimmungen sich Abweichungen ergeben.[2]) [3])

1. Von dem im § 58 angeführten Termin der Einstellung der Verzinsung kann bei Beträgen unter 30 M. keine Rede sein, da nach § 10 Abs. 1 die Ver-

---

*) Der Zusatz entspricht dem Art. 84 zu XII AG. z. BGB.

Er mußte mit Rücksicht auf die Vorschriften der neuen §§ 58a u. b erfolgen.

zinsung solchen Geldes nicht stattfindet, desgleichen nicht bei Werthpapieren und Kostbarkeiten.

Auch nach den Vorschriften der §§ 64—69 ist mit Maßgabe der Bestimmungen der §§ 58a u. b der Ablauf einer Frist von 30 Jahren erforderlich. Falls mit Werthpapieren Zins- oder Dividendenscheine oder Talons hinterlegt sind, soll nach § 66 ein Gesuch um Rückgabe derartiger Scheine oder von Talons die weitere Erstreckung der Frist unter denselben Voraussetzungen begründen, unter welchen ein Gesuch um Fortsetzung der Hinterlegung oder um Auszahlung von Geld oder um Rückgabe von Werthpapieren die Erstreckung begründet.

2. Die Androhung bei hinterlegten Werthpapieren und Kostbarkeiten hat außer dem in § 62 bezeichneten Rechtsnachtheil noch den Hinweis zu enthalten, daß der Eigenthümer auch mit seinem dinglichen Recht auf die Gegenstände werde ausgeschlossen werden, siehe § 68 HO.

3. Gegen das Ausschlußurtheil findet weder der Einspruch, noch nach § 957 Abs. 1 CPO. ein Rechtsmittel statt, vielmehr erlangt das Urtheil mit der Verkündung die Rechtskraft, siehe § 69 HO.

§. 64.

Zeit des Aufgebots.

Der Erlaß des Aufgebots kann, unbeschadet der Vorschriften der §§. 58a, 58b nach dem Ablaufe von dreißig Jahren seit dem Ende des Monats beantragt werden, in welchem die Hinterlegung erfolgt ist.*)

---

*) Abgeändert entsprechend Art. 84 zu XIII AG. z. BGB. Vergl. §§ 53—62.

§. 65.

Weitere Berechnung der Aufgebotsfrist.

Wenn ein Betheiligter vor Ablauf der Frist unter dem Nachweise der Fortdauer der Veranlassung zur Hinterlegung die Fortsetzung der Verwahrung beantragt, so ist der Antrag auf Erlaß des Aufgebots erst zulässig mit Ablauf von zwanzig Jahren, vom Ende des Monats an gerechnet, in welchem das den Antrag auf Fortsetzung der Verwahrung enthaltende Gesuch bei der Hinterlegungsstelle angebracht ist. Vor Ablauf der im §. 64 bestimmten Frist ist der Antrag auf Erlaß des Aufgebots nicht zulässig.[1])

1. Vergl. § 54.

§. 66.

Fortsetzung.

Im Fall der Anbringung eines Gesuchs um Herausgabe von Zins- oder Dividendenscheinen oder von Talons hinterlegter Werthpapiere, sowie im Fall der Zurückweisung eines Gesuchs um Auszahlung hinterlegten Geldes (§. 63) oder um Herausgabe hinterlegter Werthpapiere oder Kostbarkeiten finden die Vorschriften des §. 65 entsprechende Anwendung, wenn anzunehmen ist, daß zur Zeit der Anbringung des Gesuchs die Veranlassung zur Hinterlegung noch fortdauerte.[1])

1. Siehe Anm. 1 zu § 63.

§. 67.

Aufgebot in Vormundschafts-, Lehns-, Stiftungs- u. s. w. Sachen.

Die Vorschriften der §§. 64 bis 66 finden keine Anwendung, wenn die Hinterlegung erfolgt ist:

1. nach Inhalt der bei derselben vorgelegten Erklärung oder Anweisung auf Grund des §. 1667 Abs. 2 Satz 4 des §. 1814 oder des §. 1818 des Bürgerlichen Gesetzbuchs;
2. auf Ersuchen der Aufsichtsbehörde in einer Familienfideikommiß-, Lehns- oder Stiftungssache.

Der Erlaß des Aufgebots kann in diesen Fällen beantragt werden nach dem Ablaufe von zwanzig Jahren seit dem Ende des Monats, in welchem die elterliche Gewalt, die Vormundschaft oder die Pflegschaft oder die Eigenschaft des Gegenstandes als Vermögensstück des Familienfideikommisses, des Lehens oder der Stiftung aufgehört hat.*)

§. 68.

Tenor des Ausschlußurtheils.

Bei Werthpapieren und Kostbarkeiten ist als Rechtsnachtheil anzudrohen, daß die Ausschließung

*) Die Fassung entspricht dem Art. 84 zu XIV AG. z. BGB., sie mußte nach Aufhebung der Vormundschaftsordnung und mit Rücksicht auf §§ 1667, 1814 u. 1818 BGB. erfolgen; vergl. auch §§ 50 u. 52 HO.

der Betheiligten mit ihren Ansprüchen gegen die Staatskasse und mit ihren Rechten an den Gegenständen erfolgen werde.[1])

1. Siehe Anm. 2 zu § 63.

§. 69.

Wirkung des Ausschlußurtheils.

Mit der Verkündung des Ausschlußurtheils erlangt die Staatskasse die Befugniß zur freien Verfügung über die Gegenstände.[1])

1. Siehe Anm. 3 zu § 63.

Nach Verkündung des Ausschlußurtheils ist die Masse zu verausgaben und zu den allgemeinen Staatsfonds zu vereinnahmen; ein Rechtsmittel, bezw. Einspruch findet gegen das Ausschlußurtheil nicht statt. (Vergl. § 957 Abs. 1 CPO.)

Zweiter Abschnitt.

Vorläufige Verwahrung bei den Amtsgerichten.

§. 70.

Vorläufige Verwahrung.

Die im §. 1 bezeichneten Gegenstände können bei den Amtsgerichten in vorläufige Verwahrung genommen werden.[1]) [2]) [3])

1. Das AG. z. BGB. will dem Institut der vorläufigen Verwahrung weitere Anwendung angedeihen lassen, indem es die Frist hierzu auf 6 Monate ausgedehnt hat (§ 82 Abs. 2) und indem es ausdrücklich be-

stimmt, daß die vorläufige Verwahrung bei den Amtsgerichten im Verhältnisse zwischen den Betheiligten als Hinterlegung gilt (§ 72 und Nr. 11 Begr. z. Art. 82 AG. z. BGB.).

2. Folgende **allgemeine Verfügung vom 26. Dezember 1899** zur Ausführung des zweiten und dritten Abschnitts der Hinterlegungsordnung ist seitens des Justizministers erlassen (JMBl. S. 870 ff.).

I. Vorläufige Verwahrung bei den Amtsgerichten.

§ 1. Gesuche um Annahme der im § 1 der Hinterlegungsordnung bezeichneten Gegenstände zur vorläufigen Verwahrung gelangen zu den Akten über die Rechtsangelegenheit, auf die sich das Gesuch bezieht. Wird die Angelegenheit erst durch den Antrag anhängig, so ist der Antrag in das betreffende Aktenregister einzutragen oder, wenn für Sachen dieser Arte in besonderes Register nicht geführt wird, zu den bei jedem Amtsgerichte für die vorläufigen Verwahrungen zu bildenden Sammelakten zu nehmen.

Das nach der Annahme zurückbehaltene Exemplar des Gesuchs der Protokolls (HO. §§ 77, 78) darf erst dann in die Akten eingeheftet werden, wenn anzunehmen ist, daß eine Hinterlegung nicht bewirkt werden wird. Wird die Hinterlegung bewirkt, so ist, falls es erforderlich erscheint, eine Abschrift des Gesuchs oder des Protokolls bei den Akten zurückzubehalten.

Anträge auf Herausgabe gelangen zu den Akten, zu denen die Annahmeverfügung genommen ist.

§ 2. Das Buch über die vorläufigen Verwahrungen (Verwahrungsbuch) ist nach dem Formular Nr. 1 zu führen. Bei der Annahme sind die Spalten 1—5, bei der Herausgabe die Spalten 6—9 auszufüllen. Wird eine Aenderung erforderlich, so ist sie durch eine Bemerkung in Spalte 10 zu bewirken. Die eine Aenderung betreffenden Bemerkungen und die Eintragungen in den Spalten 5, 8 sind von dem Richter und dem Gerichtsschreiber zu unterschreiben.

Für die Spalte 4 genügt die Bezeichnung der Sache und der Behörde, wenn die Rechtsangelegenheit bei einer Behörde bereits anhängig ist. Anderenfalls ist die Veranlassung zur Hinterlegung anzugeben.

Wird kassenmäßiges Geld als solches zur vorläufigen Verwahrung angenommen, so genügt bei der Buchung der Annahme und der Herausgabe in den Spalten 5, 8 die Angabe der Summe. Die Angabe hat in Ziffern und Buchstaben zu erfolgen.

In Spalte 8 kann der Gegenstand durch eine Bezugnahme auf die Bezeichnung in Spalte 5 bezeichnet werden, wenn durch die Bezugnahme nicht Zweifel über den Gegenstand entstehen.

Geschieht die Herausgabe an den Empfangsberechtigten unmittelbar (Spalte 9a), so dient die Quittung, geschieht sie mittels Uebersendung durch die Post (Spalte 9b), so dient der Postschein als Beleg (HO. § 25 Abs. 5, § 85).

In dem Buche darf nichts radirt oder sonst unleserlich gemacht werden.

§ 3. Bei den mit mehreren Richtern besetzten Amtsgerichten werden die Verfügungen in Ansehung einer vorläufigen Verwahrung von dem bei der Verwahrung mitwirkenden Richter (HO. § 79) erlassen.

Ist die Sache, in der die vorläufige Verwahrung erfolgen soll, nach der Geschäftsvertheilung von einem anderen Richter zu erledigen, so erläßt, wenn hierdurch eine Verzögerung nicht herbeigeführt wird, dieser die Verfügung.

§ 4. Soll die Hinterlegungsstelle von einem an ihrem Sitze befindlichen Amtsgericht um eine Auszahlung oder eine Herausgabe an das Amtsgericht selbst ersucht werden, so ist das Ersuchen auf Einsendung zur vorläufigen Verwahrung zu richten und gleichzeitig die Annahme anzuordnen.

§ 5. Die Annahmeverfügung muß die in die Spalten 3 bis 5 des Verwahrungsbuchs einzutragenden Angaben enthalten. Zur Niederschreibung der Verfügung ist das Gesuch nicht zu benutzen.

Die Annahme erfolgt auf Vorlegung der Urschrift der Verfügung.

§ 6. Die über die Annahme zu ertheilende Bescheinigung (HO. § 78) ist so zu fassen, daß über den Gegenstand der Annahme kein Zweifel bestehen kann.

Ein dem Inhalte der Bescheinigung entsprechender Vermerk ist unter die Annahmeverfügung zu setzen.

§ 7. Die zu einer Eintragung gehörenden Gegenstände sind ohne Vermischung mit anderen Gegenständen in einer Hülle (Beutel, Papierumschlag u. s. w.) versiegelt aufzubewahren. Die Nummer des Verwahrungsbuchs und der Inhalt sind auf der Hülle anzugeben.

§ 8. Die Herausgabe erfolgt auf Vorlegung einer Ausfertigung der Ausgabeverfügung. Die Verfügung muß die Nummer des Verwahrungsbuchs enthalten, den Gegenstand und den Empfangsberechtigten genau bezeichnen und die Art der Herausgabe angeben (HO. §§ 83, 85). Postanweisungen sind vor der Ausfertigung der Verfügung auszufüllen und in der Ausfertigung in Bezug zu nehmen. Uebersendungsschreiben, sonstige der Sendung beizufügende Schriftstücke (HO. § 83) und Postanweisungen müssen der Ausfertigung beiliegen.

Die Ausfertigungen sind auf gebrochene Bogen so niederzuschreiben, daß die rechte Seite für die Empfangsbescheinigung des Empfängers und für den Hinweis auf den Postschein frei bleibt.

§ 9. Der Eingang der von der Hinterlegungsstelle oder von anderen Behörden zu ertheilenden Empfangsbescheinigungen ist von dem Richter, der die Herausgabe verfügt hat, zu kontroliren.

Ist die Herausgabe an einen Gerichtsbeamten zur Aushändigung an den Empfangsberechtigten geschehen, so hat der Gerichtsschreiber, an den das über die Aushändigung aufgenommene Protokoll gelangt, den Vermerk „Protokoll erhalten“ in Spalte 10 des Verwahrungsbuchs einzutragen. Hat das Protokoll über die Aushändigung an den Gerichtsschreiber zu gelangen, an den der Gegenstand herausgegeben ist, so ist von dem Richter (HO. § 79) in Spalte 10 zu vermerken, daß er das Protokoll eingesehen habe.

§ 10. Die Ausfertigungen der erledigten Ausgabeverfügungen werden nach der Nummernfolge des Verwahrungsbuchs gesammelt. Mit der Verfügung wird der Posteinlieferungsschein verbunden.

Auf jedem Beleg ist die Nummer des Verwahrungsbuchs anzugeben.

§ 11. Ausgabeverfügungen, deren Erledigung binnen 2 Wochen nicht erfolgt ist, sind dem Amtsgerichte zur weiteren Verfügung vorzulegen.

Sind seit der Annahme 6 Monate abgelaufen, ohne daß die Herausgabe verfügt ist, so haben die Verwahrungsbeamten den Antrag auf Erlaß einer solchen Verfügung zu stellen. Ein gleicher Antrag ist sofort nach der Annahme zu stellen:

1. wenn die Annahme in den Fällen des § 74 Nr. 2 der Hinterlegungsordnung auf Gesuch des Vaters, der Mutter, oder des Vormundes erfolgt ist;
2. wenn der Werth des Gegenstandes so beträchtlich ist, daß die zur Sicherung der Aufbewahrung zu Gebote stehenden Mittel unzulänglich erscheinen.

§ 12. Die Strafkammern, die Untersuchungsrichter und die Staatsanwaltschaften können die Amtsgerichte ersuchen, Gegenstände der im § 1 der Hinterlegungsordnung bezeichneten Art, die in Strafsachen für die Untersuchung von Bedeutung sind, in Verwahrung zu nehmen. Die gleiche Befugniß steht den Gefängnißvorstehern in Ansehung der einem Gefangenen abgenommenen Gelder, Werthpapiere und Kostbarkeiten zu.

Die Annahme- und Ausgabeverfügungen werden von den Amtsgerichten dem Ersuchen entsprechend erlassen. Im Uebrigen bestimmt sich das Verfahren nach den Vorschriften über die vorläufige Verwahrung. Das Amtsgericht hat jedoch die Hinterlegung nur auf Ersuchen zu bewirken. Im Falle des § 11 Abs. 2 Nr. 2 ist der Behörde, auf deren Ersuchen die Annahme stattgefunden hat, die Entschließung anheimzustellen.

§ 13. Für die von dem Gerichtsschreiber aufzunehmenden Gesuche werden die Formulare Nr. 2 und Nr. 3 zur Anwendung empfohlen. Das Formular Nr. 2 dient zu Gesuchen um Annahme von Geld, das Formular Nr. 3 zu Gesuchen um Annahme von Werthpapieren und Kostbarkeiten (HO. § 1 Nr. 2 bis 4, § 36).

II. Hinterlegung von Werthpapieren und sonstigen Urkunden bei den Amtsgerichten.

§ 14. Wird der Gerichtsschreiber auf Grund des § 88 der Hinterlegungsordnung beauftragt, Werthpapiere auf Namen, auf welche die Zahlung nicht jedem Inhaber geleistet werden kann, oder sonstige Urkunden zu verwahren, so ist, soweit sich nicht aus dem Inhalte der gerichtlichen Anordnung Abweichungen ergeben, nach den Vorschriften der §§ 15 bis 22 zu verfahren.

§ 15. Die Urkunden, deren Verwahrung angeordnet ist, sind in das nach dem Formular Nr. 4 zu führende Urkundenverwahrungsbuch einzutragen. Bei der Annahme sind die Spalten 1 bis 5, bei der Herausgabe die Spalten 6 bis 9 von dem Gerichtsschreiber auszufüllen. Wird eine Aenderung erforderlich, so ist sie durch eine Bemerkung in Spalte 10 zu bewirken.

Bei Hinterlegungen, die ein Schuldner zum Zwecke der Befreiung von seiner Verbindlichkeit bewirkt, ist in Spalte 10 der Tag zu vermerken, an dem der Gläubiger die im § 374 Abs. 2 des Bürgerlichen Gesetzbuchs vorgeschriebene Anzeige von der Hinterlegung empfangen hat (HO. § 18 Abs. 3).

Der Gerichtsschreiber hat die Vermerke in den Spalten 5, 8, 10 zu unterschreiben.

Die Vorschriften des § 2 Abs. 2, 4 bis 6 finden Anwendung.

§ 16. Die Verfügungen über die Annahme und die Herausgabe werden dem Gerichtsschreiber in Urschrift vorgelegt. Unter der Verfügung ist die Befolgung mit Angabe der Buchnummer zu vermerken.

Auf die Annahmeverfügung finden die Vorschriften des § 5 Abs. 1, auf die Ausgabeverfügung die Vorschriften des § 8 Abs. 2, 3 entsprechende Anwendung.

Für die über die Annahme zu ertheilende Bescheinigung (HO. § 87a, § 16 Abs. 1) gelten die Vorschriften des § 6. Die Bescheinigung ist von dem Amtsrichter und dem Gerichtsschreiber zu unterschreiben und mit dem Gerichtssiegel zu versehen.

§ 17. Soll die Uebersendung einer Urkunde erfolgen, so ist sie entweder von dem Amtsrichter selbst zu kontroliren oder von ihm einem anderen in der Ausgabeverfügung als Empfänger zu bezeichnenden Gerichtsschreiber zu übertragen. Im ersteren Falle hat der Richter über den Nachweis des Verbleibs der Urkunde in Spalte 9 einen Vermerk einzutragen.

§ 18. Soll die Herausgabe von einem Beamten des Amtsgerichts zu einem vorübergehenden Gebrauch erfolgen, so sind in der Ausgabeverfügung der Zweck der Herausgabe und die Frist für die Rückgabe anzugeben. Eine von dem Empfänger mit der Empfangsbescheinigung zu versehende beglaubigte Abschrift der Verfügung ist dem Gerichtsschreiber auszuhändigen. Die beglaubigte Abschrift wird an Stelle der Urkunde in Verwahrung genommen und gegen Rückgabe der Urkunde zurückgegeben. Eine Eintragung in das Verwahrungsbuch findet nicht statt.

§ 19. Der Umfang des Buches ist so zu bemessen, daß es auf etwa 10 Jahre ausreicht. Ein alphabetisches Namenverzeichniß ist anzulegen, wenn es nach der Zahl der verwahrten Urkunden zweckmäßig erscheint.

§ 20. Die vorhandenen Urkundenverwahrungsbücher sind fortzuführen; jedoch ist die Spalte 9 nach Maßgabe des neuen Formulars einzurichten.

§ 21. Das Urkundenverwahrungsbuch ist am Schlusse jedes Kalendervierteljahrs dem aufsichtsführenden Richter zur Durchsicht vorzulegen.

Das Ergebniß der Durchsicht ist durch ein Protokoll festzustellen. Aus dem Protokolle muß ersichtlich sein, ob die Urkunden, die vorhanden sein sollen, vorgefunden sind, und ob die Durchführung sowie die Verwahrung den bestehenden Vorschriften entspricht. Erscheint eine Prüfung der Zulässigkeit der weiteren Verwahrung erforderlich, so ist das Protokoll oder ein Auszug aus dem Protokolle bei den betreffenden Akten vorzulegen. In dem Buche ist unter der letzten Eintragung zu vermerken, daß die Durchsicht stattgefunden hat.

Bei größeren Amtsgerichten kann an Stelle des aufsichtsführenden Richters ein anderer Amtsrichter von dem Landgerichtspräsidenten mit der Vornahme der Durchsicht beauftragt werden.

§ 22. Für die von dem Gerichtsschreiber aufzunehmenden Gesuche um Annahme zur Hinterlegung wird das Formular Nr. 5 zur Anwendung empfohlen.

§ 23. Die allgemeinen Verfügungen vom 9. Juli 1879 (JMBl. S. 173) und vom 4. März 1882 (JMBl. S. 46) werden aufgehoben.

§ 24. Diese Verfügung tritt am 1. Januar 1900 in Kraft.*)

3. Nach Art. 1 ff. Pr. Gesetz über die freiwillige Gerichtsbarkeit vom 21. 9. 1899 (GS. S. 249 ff.) finden die Vorschriften des gleichnamigen Reichsgesetzes vom 17. 5. 1898 (RGBl. S. 189) auch auf die von den Amtsgerichten zu bearbeitenden Hinterlegungssachen entsprechende Anwendung, namentlich gilt dies auch von den Bestimmungen über die Beschwerde.

§. 71.

Anordnung der Annahme.

Die Annahme zur vorläufigen Verwahrung und die Herausgabe aus derselben erfolgt auf Anordnung des Amtsgerichts.[1]) [2])

1. Wegen Uebersendung von Geldern und anderen Gegenständen an die vorläufige Verwahrungsstelle vergl. § 83.

2. Die Bestimmungen der §§ 23, 24 AG. z. GVG. über die Geschäftsvertheilung finden entsprechende Anwendung.

Die §§ 3 u. 4 der allgem. Verf. vom 26. 12. 1899 (Anm. 2 zu § 70) regeln dies.

---

*) Die in den Paragraphen 2, 13, 15 und 22 erwähnten Formulare für das „Buch über die vorläufigen Verwahrungen", „das Gesuch um Annahme von Geld zur vorläufigen Verwahrung", „das Gesuch um Annahme von Werthpapieren und Kostbarkeiten zur vorläufigen Verwahrung", „das Urkundenverwahrungsbuch", sowie „das Gesuch um Annahme von Werthpapieren oder sonstigen Urkunden zur Hinterlegung" sind abgedruckt im JMBl. für 1899 S. 875—888.

§. 72.

Wirkung als Hinterlegung.

Die vorläufige Verwahrung bei den Amtsgerichten gilt in dem Verhältnisse zwischen den Betheiligten als Hinterlegung.*) [1] [2]

1. Die Amtsgerichte sind also Hinterlegungsstellen im Sinne der Reichsgesetze (siehe Nr. 11 Begr. zu Art. 82 AG. z. BGB.).

Die vorläufige Verwahrung hat demnach alle Wirkungen der Hinterlegung, so daß z. B. der Schuldner in gleicher Weise befreit wird, wie wenn er sich an die ordentliche Hinterlegungsstelle wendet; insbesondere finden auch die §§ 374 Abs. 2 und 376 BGB. Anwendung.

2. Die Betheiligten sind lediglich die Parteien, nicht auch die Staatskasse, diese wird nicht Schuldnerin im Sinne des § 8, die Haftung des Staats richtet sich nur nach den allgemeinen Rechtsnormen.

3. Geld wird ohne Vermischung mit anderem aufbewahrt und nicht verzinst (§ 81).

§. 73.

Zulässigkeit der vorläufigen Verwahrung.

Die vorläufige Verwahrung ist nur in dringenden Fällen zulässig.[1] [2]

1. § 74 bezeichnet die Voraussetzungen, unter welchen Dringlichkeit in jedem Falle anzunehmen ist, sonst entscheidet das Ermessen des Gerichts.

---

*) Entspricht der Fassung von Nr. XV des Art. 84 AG. z. BGB.

2. Erforderniß ist das Vorhandensein eines gesetzlichen Hinterlegungsgrundes, siehe § 14 Ziff. 3 und Anm. 4 dazu.

§. 74.

Dringlichkeit liegt vor.

Eine Dringlichkeit ist stets als vorhanden anzusehen:

1. wenn das Gericht den Gegenstand von Amtswegen in seinen Gewahrsam zu nehmen hat;[1]
2. **wenn eine Hinterlegung in Gemäßheit des §. 1667 Abs. 2 Satz 4, des §. 1814 oder des §. 1818 des Bürgerlichen Gesetzbuchs erfolgt und der Vater, die Mutter oder der Vormund die vorläufige Verwahrung verlangt;** *)[2]
3. wenn von der Hinterlegung abhängt:[3]
   a) die Vollstreckbarkeit einer Entscheidung;
   b) der Beginn, die Fortsetzung, die einstweilige Einstellung, die Einstellung, die Beschränkung oder die Abwendung einer Zwangsvollstreckung;
   c) die Aufhebung einer erfolgten Vollstreckungsmaßregel;
   d) die Anordnung, Vollziehung, Bestätigung, Abänderung oder Aufhebung eines Arrestes, einer einstweiligen Verfügung oder einer sonstigen Sicherheitsmaßregel;

---

*) Entspricht Nr. XVI des Art. 84 AG. z. BGB.

e) die Freilassung des Angeschuldigten;

f) der Aufschub der Strafvollstreckung.

1. Ziff. 1 begreift die Fälle, in denen vor Gericht eine Zahlung geleistet, oder Sicherheit bestellt und die Auszahlung bezw. Rückgabe nicht sofort bewirkt wird; ferner den Fall, daß Geld, Werthpapiere oder Kostbarkeiten, welche auf Ersuchen des Amtsgerichts von der Hinterlegungsstelle zu einem Termin eingehen, vorher eintreffen. Bezüglich der Hinterlegung bei Siegelungen vergl. Art. 87, 104, 105 Pr. G. über die freiwill. Gerichtsbarkeit und § 70 Abs. 1, § 74 Nr. 3 AG. z. GVG.

In Betreff der Hinterlegung durch den Konkursverwalter siehe Anm. 4 IV zu § 14.

Wegen des Verfahrens vor den Dorfgerichten vergl. die allgem. Verf. des Justizministers vom 20. 12. 1899 (JMBl. S. 80 ff.).

2. Vergl. hierzu § 11 Abs. 2 der allgem. Verf. vom 26. 12. 1899 (Anm. 2 zu § 70).

3. Siehe hierzu die ausführliche Bemerkung zu § 14 Anm. 4 III u. VII.

§. 75.

Vorläufige Verwahrung von Amtswegen.

Im Falle des §. 74 Nr. 1 ist, wenn die Absendung des Gegenstandes an die Hinterlegungsstelle nicht sofort bewirkt wird, die vorläufige Verwahrung von Amtswegen anzuordnen.[1])

In den übrigen Fällen kommen, unbeschadet der Befugniß des Hinterlegers, die Hinterlegung bei der Hinterlegungsstelle zu bewirken, die Vorschriften der §§. 76 bis 78 zur Anwendung.[2])

1. Eines Gesuchs gemäß § 77 bedarf es nicht.

2. In den Fällen des § 74 Nr. 2 u. 3 steht es in dem Belieben des Hinterlegers, die ordentliche Hinterlegungsstelle oder das Amtsgericht in Anspruch zu nehmen.

§. 76.

Zuständiges Amtsgericht für die vorläufige Verwahrung.

Die Verwahrung erfolgt:

1. in Civilprozeßsachen bei dem Amtsgericht, welches als Vollstreckungsgericht zuständig ist, oder in Ermangelung eines Vollstreckungsgerichts bei dem Amtsgericht, welches die Entscheidung erlassen hat, oder in dessen Bezirk das Gericht, von welchem die Entscheidung erlassen ist, seinen Sitz hat;
2. in Strafprozeßsachen bei dem Amtsgericht, welches die Entscheidung erlassen hat, oder in dessen Bezirk die Behörde, von welcher die Entscheidung erlassen ist, ihren Sitz hat;[1]
3. in anderen als den unter Nr. 1, 2 bezeichneten Angelegenheiten bei dem Amtsgericht, welches für die Angelegenheiten zuständig ist, oder in dessen Bezirk das für die Angelegenheit zuständige Gericht seinen Sitz hat.

In den Fällen der Nr. 1, 2 kann in dem die Entscheidung enthaltenden Urtheil oder Beschluß oder durch eine nachträgliche Anordnung ein anderes als das unter Nr. 1, 2 bezeichnete Amtsgericht für die Annahme zur vorläufigen Verwahrung bestimmt werden.

1. Nach Ziff. 1 u. 2 ist der Richter, welcher die Hinterlegung anordnet, in der Lage, das zur Hinterlegung zuständige Amtsgericht zu bestimmen.

Vergl. hierzu Anm. 4 zu III u. VII des § 14.

Vollstreckungsgericht ist das nach § 764 CPO. zuständige Amtsgericht.

§. 77.

Annahmegesuch.

Das Gesuch um die Annahme ist schriftlich in zwei Exemplaren einzureichen oder zum Protokoll des Gerichtsschreibers anzubringen. Dasselbe muß eine den Vorschriften des §. 14 Abs. 2, 3 oder des §. 40 entsprechende Erklärung enthalten. Wird die Annahme auf Grund einer Entscheidung oder Anordnung der für die Rechtsangelegenheit zuständigen Behörde beantragt, so ist eine Ausfertigung oder Abschrift der Entscheidung oder Anordnung beizufügen.

Wird die Verwahrung von dem Schuldner zum Zwecke der Befreiung von seiner Verbindlichkeit nachgesucht, so finden die Vorschriften des §. 18 Abs. 1, 2 entsprechende Anwendung.*) [1])

---

*) Der letzte Absatz ist eine Abänderung gemäß Nr. XVII des Art. 84 AG. z. BGB., der früher in Bezug genommene § 19 ist aufgehoben.

1. Wegen der Form der Erklärungen siehe Anm. 1 zu § 14, vergl. auch § 1 der allgem. Verf. vom 26. 12. 1899 (Anm. 2 zu § 70).

Bezüglich der Hinterlegung zum Zwecke der Schuldbefreiung siehe Anm. 1 ff. zu § 18, die dort aufgeführten Bestimmungen des BGB. sind entsprechend anzuwenden.

§. 78.

Annahmebescheinigung.

Ueber die Annahme ist auf dem einen Exemplar des Gesuchs oder auf einer Abschrift des Protokolls sofort eine Bescheinigung zu ertheilen.

Die Bescheinigung ist von dem Amtsrichter und dem Gerichtsschreiber zu unterschreiben und mit dem Gerichtssiegel zu versehen.[1])

1. Wegen der Hinterlegungsbescheinigung der ordentlichen Hinterlegungsstelle vergl. Anm. 1 zu § 16.

Wegen der Fassung der Annahmebescheinigung siehe § 6 der allgem. Verf. vom 26. 12. 1899 (Anm. 2 zu § 70).

Vergl. auch § 80.

§. 79.

Art der Verwahrung.

Die vorläufig zu verwahrenden Gegenstände werden unter gemeinschaftlichem Verschluß des Amtsrichters und des Gerichtsschreibers aufbewahrt. Die Annahme und die Herausgabe ist von dem Amtsrichter und dem Gerichtsschreiber gemeinschaftlich zu bewirken. Bei der Buchführung sind die Vermerke über die Annahme und die Herausgabe von dem Amtsrichter und dem Gerichtsschreiber zu unterschreiben.[1])

1. Vergl. § 80 u. §§ 3 u. 9 der allgem. Verf. vom 26. 12. 1899 (Anm. 2 zu § 70).

§. 80.

Fortsetzung.

Bei den Amtsgerichten, welche der Justizminister bezeichnet, können die durch die Vorschriften der §§. 78 und 79 dem Amtsrichter und dem Gerichtsschreiber übertragenen Geschäfte zwei Gerichtsschreibern übertragen werden.[1])

1. Dient zur Vereinfachung des Geschäftsganges bei den größeren Amtsgerichten.

§. 81.

Aufbewahrung von Geld.

Geld wird ohne Vermischung mit anderem Gelde aufbewahrt.[1]) [2]) [3])

1. Eine Verzinsung erfolgt nicht, desgleichen nicht eine Vermischung mit anderem Gelde, was eine kassenmäßige Verwaltung und Buchführung erheischen würde, es findet lediglich eine Verwahrung der Geldstücke als solcher statt. Vergl. auch § 7 allgem. Verf. vom 26. 12. 1899 (Anm. 2 zu § 70).

2. Das Amtsgericht kann das in vorläufiger Verwahrung befindliche Geld an die Hinterlegungsstelle abführen, wenn nach seinem Ermessen die Herausgabe nicht innerhalb 6 Monaten erfolgen kann (§ 82).

3. Die Haftung des Staats ist nicht dieselbe wie in §§ 7 ff., da das Geld nicht in das Eigenthum des

Staats übergeht, sie richtet sich vielmehr nur nach allgemeinen Rechtsgrundsätzen; siehe hierzu Anm. 1 u. 2 zu § 32.

§. 82.

Dauer der Verwahrung.

Das Amtsgericht kann die Hinterlegung der Gegenstände bei der Hinterlegungsstelle jederzeit bewirken.

Es hat dieselbe zu bewirken, wenn nach seinem Ermessen anzunehmen ist, daß die Herausgabe nicht **binnen 6 Monaten** erfolgen werde.*) [1])

1. Abgesehen von dem Falle, wo das Amtsgericht selbst die vorläufige Verwahrung anordnet und übersehen kann, ob die sechsmonatliche Frist ausreichen wird, enthält der § 11 der allgem. Verf. vom 26. 12. 1899 (Anm. 2 zu § 70) Bestimmungen über die Abführung an die Hinterlegungsstelle.

§. 83.

Sendung an die Hinterlegungsstelle.

Der Sendung an die Hinterlegungsstelle ist beizufügen:

1. im Falle des §. 74 Nr. 1 eine in Gemäßheit der Vorschriften des §. 14 Abs. 2, 3 oder des §. 40 aufzustellende Erklärung sowie, falls es sachgemäß erscheint, eine Abschrift der

---

*) Die Abänderung entspricht der Nr. XVIII des Art. 84 AG. z. BGB.

Entscheidung oder Anordnung, auf Grund deren die Hinterlegung erfolgt;

2. in den übrigen Fällen das zurückbehaltene Exemplar des Gesuchs oder das Protokoll unter Beifügung der Ausfertigung oder Abschrift der Entscheidung oder Anordnung.

Die Uebersendung erfolgt auf Kosten und Gefahr der Betheiligten.[1]) Eine Kürzung des Portos von dem zu übersendenden Betrage findet nicht statt.[2]) [3])

1. Die Uebersendung erfolgt auf Gefahr des Berechtigten, auch wenn dieser die Uebersendung nicht beantragt hat; wer der Berechtigte, bezw. der Betheiligte ist, entscheidet die Rechtslage des einzelnen Falles.

2. Die Hinterlegungsstelle bescheinigt auf der eingehenden Erklärung, Protokoll u. s. w. die Vereinnahmung, die Erklärung geht zu den Hinterlegungsakten (§ 84). Siehe auch §§ 2, 8 der allgem. Verf. vom 26. 12. 1899 (Anm. 2 zu § 70) und Nr. 3 der Ausf.Best.

3. Eine Kürzung des Portos ist schon deshalb ausgeschlossen, weil sonst die Bescheinigung mit dem Inhalt der Erklärung und der Quittung des Amtsgerichts sich nicht im Einklang befände.

§. 84.

Bescheinigung der Hinterlegungsstelle.

Der in der Erklärung als Hinterleger oder als Vertreter des Hinterlegers bezeichneten Person ist eine Bescheinigung über die erfolgte Hinterlegung zu ertheilen. Eine Abschrift der Bescheinigung ist dem Amtsgericht mitzutheilen.[1])

1. Vergl. Anm. 1 zu § 16 und die dort angeführte Nr. 17 Ausf.Best. Die Bescheinigung hat den Zweck, die Identität der hinterlegten mit der in vorläufige Verwahrung gegebenen Masse festzustellen.

§. 85.

Herausgabe aus der vorläufigen Verwahrung.

Geschieht die Herausgabe aus der vorläufigen Verwahrung an den Empfangsberechtigten durch das Amtsgericht, so erfolgt sie unmittelbar bei demselben oder unter entsprechender Anwendung der §§. 25, 26, 43, 45 mittels Uebersendung durch die Post.[1])

1. Die Uebersendung durch die Post erfolgt unfrankirt, oder unter Kürzung des Portos.

Die Herausgabe erfolgt gemäß §§ 79 u. 80, vergl. auch § 2 Abs. 5 u. § 8 der allgem. Verf. vom 26. 12. 1899 (Anm. 2 zu § 70).

§. 86 ist aufgehoben durch Nr. XIX des Art. 84 AG. z. BGB.; er gewährte gegen ablehnende Beschlüsse des Amtsgerichts die Beschwerde nach den Vorschriften der Civilprozeßordnung, ist aber entbehrlich geworden, weil die Anfechtung von gerichtlichen Verfügungen in den durch Landesgesetz den Gerichten übertragenen Angelegenheiten der freiwilligen Gerichtsbarkeit durch Beschwerde gemäß Art. 3 ff. des Preußischen Gesetzes über die freiwillige Gerichtsbarkeit allgemein geordnet ist.

Dritter Abschnitt.

Hinterlegung anderer als der im ersten Abschnitte bezeichneten Sachen.*)

§. 87.

Hinterlegung anderer Werthpapiere und Urkunden.

Für die Hinterlegung anderer als der im §. 1 bezeichneten Werthpapiere sowie sonstiger Urkunden sind die Amtsgerichte als Hinterlegungsstellen zuständig.[1] [2]

1. Siehe Vorbemerkung zu diesem Abschnitt und wegen des Verfahrens §§ 14 ff. der allgem. Verf. vom 26. 12. 1899 (Anm. 2 zu § 70).

---

*) Der gesammte Abschnitt umfassend die §§ 87—89 ist durch Nr. XX des Art. 84 AG. z. BGB. neugefaßt und in dieser Fassung hier wiedergegeben.

Die Begründung zu dem Entwurf des AG. z. BGB. führt in Art. 82 einleitend zur Aenderung dieses Abschnitts Folgendes aus:

„Das Bürgerliche Gesetzbuch kennt als Gegenstände der Hinterlegung Geld, Werthpapiere und sonstige Urkunden, sowie Kostbarkeiten; dies sind die zur Hinterlegung geeigneten Sachen im Sinne der §§ 432, 1217, 1281, 2039. Es müssen daher landesgesetzlich Hinterlegungsstellen bestimmt werden, bei denen Sachen der bezeichneten Art in den reichsgesetzlich vorgesehenen Fällen hinterlegt werden können, und zwar darf die Hinterlegung nicht von einer gerichtlichen Anordnung abhängig gemacht werden (Einf.Ges. Art. 145 Abs. 2). Die Preußische Hinterlegungsordnung kennt dagegen nur Hinter-

2. Andere bewegliche Sachen sind nicht nach diesen Bestimmungen zu hinterlegen, sondern nach den maßgeblichen Geschäftsordnungen für die Gerichtsschreibereien bezw. Sekretariate der Staatsanwaltschaften in Asservation zu nehmen. Diese neuen Geschäftsordnungen sind abgedruckt im JMBl. f. 1899 S. 395, 473, 525, 563, 601.

§. 87a.

Entsprechende Anwendung des ersten Abschnitts.

Die Vorschriften der §§. 12, 14 bis 18, 20 bis 33, 35, 40, 43 bis 52, 63 bis 69 finden mit folgenden Maßgaben entsprechende Anwendung:

---

legungsstellen für Geld, Werthpapiere auf Inhaber, Werthpapiere auf Namen, auf welche die Zahlung dem Inhaber geleistet werden kann, und Kostbarkeiten (§ 1), während die sonstigen Urkunden zu den „zur Annahme bei den Hinterlegungsstellen nicht geeigneten Gegenständen" gehören, die der dritte Abschnitt (§§ 87 bis 89) behandelt. Der Entwurf giebt statt dessen dem dritten Abschnitte die Ueberschrift: „Hinterlegung anderer als der im ersten Abschnitte bezeichneten Sachen" und bestimmt im § 87 für andere als die im § 1 bezeichneten Werthpapiere sowie sonstige Urkunden die Amtsgerichte als Hinterlegungsstellen."

Und weiter unter Nr. 12 a. a. O. ist gesagt:

„Wenn das Reichsrecht die Landesgesetzgebung dazu nöthigt, auch für andere als die im § 1 bezeichneten Werthpapiere und für sonstige Urkunden Hinterlegungsstellen zu bestimmen, bei denen die

1. das Gesuch um Annahme oder um Herausgabe der Urkunden kann zum Protokoll des Gerichtsschreibers angebracht werden.

2. Bei Urkunden, die nicht Werthpapiere sind, findet ein Aufgebotsverfahren zum Zwecke der Ausschließung der Betheiligten nicht statt. Das Recht auf Rückgabe erlischt mit dem Zeitpunkt, in welchem bei Werthpapieren der Aufgebotsantrag zulässig werden würde; die Urkunden sind zu vernichten.[1])

1. Vergl. die Vorbemerkung zu diesem Abschnitt letzten Absatz.

Hinterlegung ohne vorgängige Anordnung erfolgen kann, so erscheint es zweckmäßig, diese Zuständigkeit den Amtsgerichten zuzuweisen, da bei ihnen die zur Verwahrung von Urkunden erforderlichen Einrichtungen bereits bestehen. Die Voraussetzungen der Annahme und die Herausgabe, sowie das dabei zu beobachtende Verfahren regelt der Entwurf durch die entsprechende Anwendung der Vorschriften, welche für die im § 1 bezeichneten Werthpapiere gelten. Soweit sich diese Vorschriften auf Hinterlegungsfälle beziehen, die für die hier fraglichen Urkunden nicht in Betracht kommen, versteht sich ihre Unanwendbarkeit von selbst. Nur bezüglich der Form des Gesuchs um Annahme oder Herausgabe bestimmt der Entwurf gegenüber den §§ 15, 22 eine Abweichung, die sich dem § 71 des Ausführungsgesetzes zum Gerichtsverfassungsgesetz anschließt.

In Betreff der Ausschließung der Betheiligten mit ihren Rechten müssen auch für die bei den Amts-

§. 88.

Verwahrung bei der Gerichtsschreiberei.

Das Amtsgericht kann die Gerichtsschreiberei mit der Verwahrung der Urkunden beauftragen.[1])

1. Siehe § 14 der allgem. Verf. vom 26. 12. 1899 (Anm. 2 zu § 70).

Hierzu gehören Hypothekenbriefe, Schuldscheine, Namensaktien u. s. w., vergl. z. B. § 302 HGB.

§. 89.

Ungeeignete Sachen zur Hinterlegung.

Andere Sachen als Geld, Werthpapiere, sonstige Urkunden und Kostbarkeiten sind zur Hinterlegung nicht geeignet.[1])

1. Siehe Anm. 1 zu § 87.

Der aufgehobene Paragraph bezeichnete die Amtsgerichte als Verwahrungsstellen für letztwillige Ver-

---

gerichten hinterlegten Werthpapiere die Bestimmungen der §§ 63 bis 69 gelten. Dagegen erscheint in den seltenen Fällen, in denen andere Urkunden den Gegenstand der Hinterlegung bilden (vergl. insbesondere BGB. § 372), ein Aufgebotsverfahren zum Schutze der Betheiligten nicht erforderlich. Vielmehr kann an den Ablauf der Fristen, die bei Werthpapieren für die Zulässigkeit des Aufgebotsantrags maßgebend sind, hier unbedenklich ohne weiteres das Erlöschen des Rechts auf Rückgabe der Urkunde geknüpft werden. Auch ist es weder nothwendig, noch angemessen, nach dem Erlöschen des Rechts der Betheiligten dem Fiskus das freie Verfügungsrecht über derartige Urkunden beizulegen; nur ihre Vernichtung entspricht der Sachlage."

fügungen, er ist seinem Inhalt nach in Art. 81 § 3 AG. z. BGB. aufgenommen.

Vierter Abschnitt.

Schlußbestimmungen.

Die **§§. 90 und 91** sind gemäß Nr. XXI des Art. 84 AG. z. BGB. aufgehoben; sie enthielten Anordnungen über Bestimmung des örtlichen Gerichtsstands und über die Beschwerde.

Nr. 13 der Begründung zu Art. 82 AG. z. BGB. sagt dazu:

„Der bisherige § 90 erübrigt sich dadurch, daß der § 20 des Ausführungsgesetzes zum Gerichtsverfassungsgesetze nach Art. 128 Nr. III des Entwurfs eines Preußischen Gesetzes über die freiwillige Gerichtsbarkeit auf alle durch Landesgesetze den ordentlichen Gerichten übertragenen Angelegenheiten ausgedehnt werden soll. Ebenso wird der jetzige § 91 durch die Art. 6, 7 desselben Entwurfs ersetzt (Art. 82 Nr. XX)."

Es ist dies auch geschehen; vergl. auch Art. 128 Preuß. Ges. über die freiw. Gerichtsb.

§. 92.

Aufhebung bisheriger Depositenkassen.

Die Hauptdepositenkasse in Cassel, die Depositenkasse in Cöln und die bei den Gerichten bestehenden Depositorien werden aufgehoben.

Die Hinterlegung gerichtlicher Depositen bei der kommunalständischen Sparkasse zu Wiesbaden und bei dem städtischen Rechneiamt in Frankfurt am Main findet nicht mehr statt.[1])

1. Die allgem. Verf. vom 8. 7. 1879 (JMBl. S. 156 ff.) betr. die Ausführung der §§ 92 Abs. 1, 93, 95, 97, 99, 100 der HO. enthält die Uebergangsbestimmungen, die z. Z. keine Bedeutung mehr haben.

Vergl. auch Nr. 28 ff. der Ausf.Best.

§. 93.

Die Hinterlegungsstellen treten an die Stelle der früheren Depositalbehörden.

Die Hinterlegungsstellen (§§. 1, 2) treten für die Hinterlegung (Deposition, Niederlegung, Verwahrung) der im §. 1 bezeichneten Gegenstände, sofern dieselbe nach gesetzlicher Vorschrift bei Gericht oder bei einer sonstigen zur Annahme von Depositen bestimmten oder ermächtigten Behörde, Anstalt oder Kasse zu geschehen hat, an Stelle der Gerichte, sowie jener Behörden, Anstalten oder Kassen.[1])

Durch die vorstehende Bestimmung bleiben unberührt:

1. die Vorschriften, durch welche für die Hinterlegung in Abweichung von den allgemeinen Vorschriften eine besondere Hinterlegungsstelle zugelassen ist;[2])
2. die Vorschriften des zweiten Abschnitts dieses Gesetzes.[3])

1. Hierzu gehören die Fälle der Wechselordnung und des Handelsgesetzbuchs, vergl. Anm. 4 zu § 14 zu I u. II.

2. Siehe Art. 85 AG. z. BGB. und Anm. 8 zu § 1.

3. Vergl. §§ 70—85 HO.

§. 94.

Aufhebung des Hinterlegungsfonds.

Die Absonderung des unter dem Namen Hinterlegungsfonds bestehenden Fonds, sowie der Fonds der Hauptdepositenkasse in Cassel und der Depositenkasse in Cöln von dem übrigen Staatsvermögen wird aufgehoben.

Eine Trennung der Verwaltung dieser Fonds von der Verwaltung des übrigen Staatsvermögens findet nicht mehr statt.[1])

1. Die hinterlegten Gelder, sowie die Auszahlungen an Kapital und Zinsen sind von den Hinterlegungsstellen nach Anleitung des Etats zu verrechnen (siehe Anweisung für die Rechnungslegung über die hinterlegten Gelder der Königl. Ober-Rechnungskammer vom 19. 4. 1880 und Geschäftsanweisung für die Regierungshauptkassen vom 21. 5. 1887).

§. 95.

Abführung deponirter Gelder an die Hinterlegungsstellen.

Das in den gerichtlichen Depositorien der Bezirke der Appellationsgerichte in Cassel, Celle und Kiel, sowie das in Verwahrung der Gerichtsbehörden im

Bezirk des Appellationsgerichts in Frankfurt am Main und in vorläufiger Verwahrung (Asservation) der Gerichtsbehörden im Geltungsbereich der Verordnung vom 2. Januar 1849 befindliche Geld ist an die Hinterlegungsstellen abzugeben.

Ist nach Ermessen des Gerichts anzunehmen, daß die Herausgabe binnen 6 Wochen erfolgen werde, so kann das Geld zur vorläufigen Verwahrung an das Amtsgericht abgegeben werden.

Im Falle der Abgabe an die Hinterlegungsstelle geht das Geld, soweit nicht die hinterlegten Münzen oder Werthzeichen als Kostbarkeiten aufzubewahren sind, in das Eigenthum des Staats über.[1])

1. Vergl. die allgem. Verf. vom 8. 7. 1879 (JMBl. S. 156 ff.), sowie § 33 der allgem. Verf. vom 23. 7. 1879 (JMBl. S. 199 ff.).

Die Bestimmungen sind als Uebergangsbestimmungen z. Z. ohne besondere Bedeutung.

§. 96.

Ermächtigung des Finanzministers zur Flüssigmachung.

Die bei den im §. 94 bezeichneten Fonds vorhandenen Bestände, sowie die im §. 95 Abs. 3 erwähnten Gelder sind zur Bestreitung solcher Ausgaben zu verwenden, zu deren Deckung durch besondere Gesetze die Aufnahme von Anleihen bewilligt ist, soweit letztere noch nicht begeben sind. Der Finanzminister wird ermächtigt, zu diesem

Zwecke die nicht in baarem Gelde vorhandenen Bestände der bezeichneten Fonds nach Bedarf flüssig zu machen.

In Höhe der hiernach verfügbar gewordenen Beträge wird die durch jene besonderen Gesetze dem Finanzminister ertheilte Ermächtigung zur Ausgabe von Schuldverschreibungen außer Kraft gesetzt. Die Verwendung der Beträge zu dem im Absatz 1 bestimmten Zwecke unterliegt der Kontrole der Staatsschuldenverwaltung.

Ueber die erfolgte Verwendung ist dem Landtage alljährlich Rechenschaft zu geben. Die Einnahmen sowie die Ausgaben an hinterlegten Geldern, sowie die Einnahmen und Ausgaben an Zinsen sind im Etat ersichtlich zu machen.

§. 97.

Abführung der Werthpapiere.

Die bei der Hauptdepositenkasse in Kassel, bei den gerichtlichen Depositorien und bei den Gerichtsbehörden im Bezirk des Appellationsgerichts in Frankfurt am Main in Verwahrung, sowie bei den Gerichtsbehörden im Geltungsbereiche der Verordnung vom 2. Januar 1849 in vorläufiger Verwahrung (Asservation) befindlichen Werthpapiere (§. 1 Nr. 2, 3) und Kostbarkeiten sind an die Hinterlegungsstellen abzugeben.

Dasselbe gilt von den bei den Hauptkassen der Regierungen der Rheinprovinz und der Regierung in Wiesbaden in Gemäßheit des Gesetzes vom 19. Juli 1875 hinterlegten Werthpapieren und Kostbarkeiten, soweit diese Kassen nicht zur Kasse einer Hinterlegungsstelle bestimmt werden.

Auf die im Absatz 1 bezeichneten Werthpapiere und Kostbarkeiten, soweit sie nicht bei der Hauptdepositenkasse in Cassel sich in Verwahrung befinden, findet die Vorschrift des §. 95 Abs. 2 entsprechende Anwendung.[1])

1. Dieser Paragraph giebt die dem § 95 entsprechenden Uebergangsvorschriften für Werthpapiere und Kostbarkeiten. Vergl. die allgem. Verf. vom 8. 7. 1879 (JMBl. S. 156 ff.).

§. 98.

Abführung der Gelder der Sparkasse in Wiesbaden.

Die bei der kommunalständischen Sparkasse in Wiesbaden und bei dem städtischen Rechneiamt in Frankfurt am Main hinterlegten Gelder, Werthpapiere (§. 1 Nr. 2, 3) und Kostbarkeiten können auf Antrag der Betheiligten an die Hinterlegungsstellen abgegeben werden.

Die Gefahr der Uebersendung an die Hinterlegungsstelle tragen die Betheiligten.

Auf die Hinterlegungen kommen die Vorschriften dieses Gesetzes mit dem Zeitpunkte zur Anwendung, zu welchem die Gegenstände bei der Hinterlegungsstelle eingehen. Bis zum Eingang ist, soweit die

Herausgabe nach den bisherigen Vorschriften nur auf gerichtliche Verfügung erfolgt, für die Verfügung das Amtsgericht zuständig, auf welches die Angelegenheit übergegangen ist, oder in Ermangelung eines solchen Amtsgerichts das Amtsgericht des Orts, an welchem das bisher mit derselben befaßt gewesene Gericht seinen Sitz hatte.[1])

1. Dieser Paragraph enthält weitere Uebergangsbestimmungen. Vergl. das Gesetz betr. die Ergänzungen des § 98 der HO. vom 14. 7. 1895 (GS. S. 301 ff.).

§. 99.

Form für die Abführung der Massen.

Das Gericht hat für jede an die Hinterlegungsstelle abzugebende Masse eine den Vorschriften des §. 14 Abs. 2, 3 des §. 40 oder des §. 49 entsprechende Erklärung aufzustellen. Ein der Auszahlung oder Herausgabe nach §. 24 entgegenstehendes Hinderniß ist in der Erklärung anzugeben.

Dient das Depositorium eines Gerichts zugleich als Depositorium eines anderen Gerichts, so ist für die Massen, deren Annahme zur Hinterlegung auf Verfügung des anderen Gerichts stattgefunden hat, von diesem die Erklärung aufzustellen und nebst einer Abschrift dem das Depositorium verwaltenden Gericht zu übersenden.

Betrifft die Erklärung Kostbarkeiten, deren Abschätzung stattgefunden hat, so ist das Gutachten über die Abschätzung in die Erklärung aufzunehmen oder derselben in Urschrift oder in Abschrift beizufügen.[1])

1. Vergl. die allgem. Verf. vom 8. 7. 1879 (JMBl. S. 156 ff.).

§. 100.

Fortsetzung.

Die Erklärungen sind nebst einer Abschrift der Formel der Entscheidung oder Anordnung, durch welche der Hinterleger zur Hinterlegung für berechtigt oder verpflichtet erklärt ist, gleichzeitig mit der Absendung der Gegenstände der Hinterlegungsstelle zu übersenden. Eine Abschrift der Erklärung ist den Betheiligten zu ertheilen.[1])

1. Vergl. § 14 und Anm. 1 u. 4 daselbst.

§. 101.

Haftung der Staatskasse.

Ist nach Abgabe der Masse an die Hinterlegungsstelle die Auszahlung oder Herausgabe an den Empfänger nach Maßgabe des Inhalts der Erklärung bewirkt, so kann bei einer Verschiedenheit zwischen dem Inhalt der Erklärung und dem Inhalt der Gerichtsakten die Staatskasse von einem besser zum Empfang Berechtigten nicht aus dem Grunde in Anspruch genommen werden, weil die Weisung zur Auszahlung oder Herausgabe nicht nach Maßgabe des Inhalts der Gerichtsakten ertheilt ist.[1])

1. Eine Haftung der Staatskasse für Unrichtigkeiten in den von den Gerichten aufzustellenden Erklärungen hätte auf den bestehenden Rechtszustand nicht gegründet werden können.

Vergl. § 32 Anm. 1 u. 2, sowie §§ 28 u. 29 und Anm. daselbst.

§. 102.

Hinterlegung des Schuldners zur Befreiung von einer Schuld.

Hat im Geltungsbereich des Allgemeinen Landrechts oder des gemeinen Rechts ein Schuldner vor dem Inkrafttreten dieses Gesetzes Geld, Werthpapiere (§. 1 Nr. 2, 3) oder Kostbarkeiten hinterlegt, um von seiner Verbindlichkeit sich zu befreien, so bestimmt sich die Berechtigung des Schuldners zur Zurücknahme nach den bisherigen Vorschriften.[1])

Zur Auszahlung oder Herausgabe an den Schuldner bedarf es einer gerichtlichen Entscheidung oder Anordnung.

Für die Anordnung ist, wenn die Angelegenheit zu der streitigen Gerichtsbarkeit nicht gehört, das Amtsgericht zuständig, auf welches die Angelegenheit übergegangen ist, oder, in Ermangelung eines solchen Amtsgerichts, das Amtsgericht des Orts, an welchem das bisher mit derselben befaßt gewesene Gericht seinen Sitz hatte.

1. Siehe § 233 I 16 ALR. Der Deponent kann die Rückzahlung der deponirten Summe so lange verlangen, als die Deposition weder von dem Gegner

genehmigt, noch für rechtmäßig erklärt worden ist, also eine durch die Hinterlegung begründete rechtliche Beziehung zwischen den Parteien noch nicht eingetreten ist. Ist die Deposition für rechtskräftig erklärt, so kann der Gläubiger unter dem Nachweise der Empfangsberechtigung die Auszahlung verlangen, desgleichen wenn er die Deposition für rechtsmäßig anerkannt hat, und es zu einer Depositionsklage nicht hat kommen lassen.

2. Wegen des jetzigen Rechtszustandes bei Hinterlegung zum Zwecke der Schuldbefreiung vergl. § 18 und Anm. dazu.

§. 103.

Besondere Auszahlungsanträge in einzelnen Landestheilen.

Im Bezirk des Appellationsgerichts in Cassel, im Bezirk des Appellationsgerichts in Celle mit Ausschluß der Gebietstheile, in welchen die Preußische Depositalordnung vom 15. September 1783 gilt, und in dem Bezirk des Kreisgerichts in Ratzeburg ist, wenn die Hinterlegung vor dem Inkrafttreten dieses Gesetzes erfolgt ist, dem Antrage auf Auszahlung oder Herausgabe der Hinterlegungsschein (Depositenschein) oder ein rechtskräftiges Urtheil, durch welches der Schein für kraftlos erklärt worden ist, oder eine gerichtliche Entscheidung oder Anordnung, nach welcher die Auszahlung oder Herausgabe von der Zurücklieferung und Kraftloserklärung des Scheins nicht abhängig zu machen ist, beizufügen. Auf die Anordnung findet die Vorschrift des §. 102 Abs. 3 entsprechende Anwendung.[1])

1. Dieser Paragraph enthält Uebergangsbestimmungen, die zur Zeit praktische Bedeutung kaum mehr erlangen dürften.

§. 104.

Abgabe der letztwilligen Verfügungen.

Die in Verwahrung der aufgehobenen Gerichte befindlichen letztwilligen Verfügungen sind an die Amtsgerichte abzugeben.

Sind in dem Bezirk des mit der Verwahrung bisher befaßt gewesenen Gerichts mehrere Amtsgerichte errichtet, so kann der Testator unter den mehreren Amtsgerichten das Amtsgericht bezeichnen, an welches die letztwillige Verfügung abgegeben werden soll. Die Bezeichnung muß vor dem Inkrafttreten dieses Gesetzes in einem schriftlichen oder zu gerichtlichem Protokoll erklärten Gesuch erfolgen.

In Ermangelung eines solchen Gesuchs geschieht die Abgabe an das Amtsgericht des Orts, an welchem das mit der Verwahrung bisher befaßt gewesene Gericht seinen Sitz hatte.

1. Siehe Anm. 1 zu § 89. Auf die in diesem Paragraphen enthaltenen Uebergangsbestimmung beziehen sich die §§ 3, 27, 32 der allgem. Verf. vom 23. 7. 1879 (JMBl. S. 199 ff.).

§. 105.

Abgabe der Werthpapiere.

Die in Verwahrung der bisherigen Gerichte befindlichen Werthpapiere auf Namen, auf welche die

Zahlung nicht jedem Inhaber geleistet werden kann, sind an die Amtsgerichte abzugeben.[1])

1. Siehe §§ 87 u. 88 und die Anmerkungen dazu.

§. 106.

Aufgebotsvorschriften für die abgegebenen Massen.

Auf die Massen, welche von den bisherigen Hinterlegungsstellen an die auf Grund dieses Gesetzes errichteten Hinterlegungsstellen abgegeben werden, finden die Vorschriften über die Einstellung der Verzinsung und das Aufgebot mit der Maßgabe Anwendung:

1. daß die in den §§. 53, 64 bestimmten Fristen mit dem Tage des Inkrafttretens dieses Gesetzes beginnen;
2. daß an Stelle der im §. 61 Nr. 1 bezeichneten Erklärung die Urschrift oder eine Abschrift der der Hinterlegungsstelle bei Abgabe der Masse an dieselbe eingesandten Erklärung tritt.[1])

1. Auch dieser Paragraph enthält lediglich Uebergangsbestimmungen.

Vergl. wegen des Aufgebotsverfahrens die §§ 58—64.

§. 107.

Fernere Uebergangsbestimmungen.

Im Bezirk des Appellationsgerichts in Cassel

kommen die nachstehenden Bestimmungen zur Anwendung:

Ist auf Grund der bisherigen Vorschriften die Verzinsung hinterlegten Geldes vor dem Inkrafttreten dieses Gesetzes eingestellt, so tritt die Verzinsung nur nach Maßgabe der Bestimmungen der §§. 55, 56 wieder ein. Die im §. 58 bestimmte Frist beginnt mit dem Tage, an welchem die Einstellung der Verzinsung stattgefunden hat.

Die Verzinsung der von der Civilwittwen- und Waisenanstalt, der Civilwittwen- und Waisengesellschaft und der Militärwittwenkasse an die Hauptdepositenkasse in Cassel zurückgezahlten Depositengelder wird mit dem Inkrafttreten dieses Gesetzes eingestellt. In Ansehung dieser Gelder beginnt die im §. 58 bestimmte Frist mit dem Tage, an welchem die Ablieferung zur zinsfreien Benutzung an eine jener Wittwenkassen stattgefunden hat.

Für das Aufgebot von Geld, welches nach den bisherigen Vorschriften nicht verzinst wird, weil dessen Betrag die Summe von dreißig Mark nicht erreicht, beginnt die im §. 64 bestimmte Frist mit dem Tage, an welchem die Hinterlegung bewirkt ist.

In den Fällen der Abs. 3, 4 ist der Antrag auf Erlaß des Aufgebots vor Ablauf eines Jahres, vom Tage des Inkrafttretens dieses Gesetzes [1]) an gerechnet, nicht zulässig.

1. Siehe § 110 Anm. 1.

§. 108.

Fortsetzung.

Die im §. 391 des Anhangs zur Allgemeinen Gerichtsordnung vorgeschriebene öffentliche Bekanntmachung und die Ablieferung von Depositalmassen an die Justizoffizianten-Wittwenkasse finden nicht mehr statt. Die Vorschriften des §. 108 der Grundbuchordnung treten außer Kraft.

§. 109.

Fortsetzung.

Die nach den Vorschriften des §. 99 den bisherigen Gerichten zugewiesenen Geschäfte sind vor dem Inkrafttreten dieses Gesetzes zu erledigen.

Durch Anordnung des Finanzministers und des Justizmisters kann bestimmt werden, inwieweit die Vorschriften des §. 95 Abs. 1, 2 und der §§. 97, 100 vor dem Inkrafttreten dieses Gesetzes zur Ausführung zu bringen sind. In Ansehung der Ausführung des §. 104 Abs. 1 und des §. 105 ist der Justizminister zum Erlaß einer solchen Anordnung ermächtigt.[1])

1. Vergl. die Verfügung vom 9. 7. 1879 (JMBl. S. 173 ff.), jetzt ersetzt durch die allgem. Verf. vom 26. 12. 1899 (Anm. 2 zu § 70).

§. 110.

Inkrafttreten des Gesetzes.

Dieses Gesetz tritt, unbeschadet der Vorschriften

des §. 104 Abs. 2 und des §. 109 gleichzeitig mit dem Deutschen Gerichtsverfassungsgesetz in Kraft.[1])

Mit der Ausführung desselben werden der Finanzminister und der Justizminister beauftragt.[2])

Urkundlich unter Unserer Höchsteigenhändigen Unterschrift und beigedrucktem Königlichen Insiegel.

Gegeben Berlin, den 14. März 1879.

(L. S.) **Wilhelm.**

Gr. zu Stolberg. Leonhardt. Falk. v. Kameke.
Friedenthal. v. Bülow. Hofmann.
Gr. zu Eulenburg. Maybach. Hobrecht.

1. Dieser Tag ist der 1. Oktober 1879.

2. Diese Ausführungsbestimmungen sind vom Herrn Finanzminister unter dem 29. Juli 1879 erlassen und sind im Auszuge nebst den Formularen für die Hinterlegungserklärungen mitgetheilt durch Erlaß des Herrn Justizministers vom 26. August 1879 (JMBl. S. 326 ff.). Vergl. Anm. 1 zu § 1.

Diese Ausführungsbestimmungen sind in den Anmerkungen ausführlich berücksichtigt und in Bezug genommen.

Sachregister.

Die Zahlen ohne Zusatz weisen auf die Paragraphen, diejenigen, vor denen ein A steht, auf die Anmerkungen dazu.

A.

C.

D.

E.

F.

G.

H.

J.

K.

Druck von Otto Walter in Berlin S.

Verzeichniß

der

Guttentag'schen Sammlung

Deutscher Reichsgesetze

und

Preußischer Gesetze.

Text-Ausgaben mit Anmerkungen
und Sachregister.

Taschenformat.

Berlin.
J. Guttentag, Verlagsbuchhandlung,
G. m. b. H.

Guttentag'sche Sammlung

Deutscher Reichsgesetze.

Text-Ausgaben mit Anmerkungen. Taschenformat.

---

1. **Verfassung** des Deutschen Reichs. Gegeben Berlin, den 16. April 1871. Von Dr. **L. von Rönne.** Achte neubearbeitete Auflage von **Paul von Rönne**, Landrath. 1 M. 60 Pf.

2. **Strafgesetzbuch** für das Deutsche Reich. Nebst den gebräuchlichsten Reichs-Strafgesetzen (Presse, Personenstand, Nahrungsmittel, Kranken-, Unfall-, Invalidenversicherung, Gewerbeordnung, unlauterer Wettbewerb, Depot- und Börsengesetz u. s. w.). In der vom 1. Januar 1900 ab geltenden Fassung. Von Dr. **H. Rüdorff.** Neunzehnte Auflage von Dr. **H. Appelius**, Staatsanwaltschaftsrath. Geb. in ganz Leinen 1 M. 20 Pf.

3. **Militärstrafgerichtsordnung** nebst Einführungsgesetz und Gesetz, betr. die Dienstvergehen der richterlichen Militärjustizbeamten und die unfreiwillige Versetzung derselben in eine andere Stelle oder in den Ruhestand. Von Dr. **P. Herz**, Geh. Admiralitätsrath. Zweite Auflage. Geb. in ganz Leinen 3 M.

4. **Handelsgesetzbuch vom 10. Mai 1897** unter Ausschluß des Seerechts. Mit den ergänzenden Vorschriften des Bürgerlichen Gesetzbuchs und Erläuterungen herausgegeben von **F. Litthauer,** Justizrath. Elfte unveränderte Auflage. 2 M. 25 Pf.

5. Allgemeine Deutsche **Wechselordnung.** Siebente Auflage von Dr. **E. Ball,** Rechtsanwalt, und das Reichsgesetz über die **Wechselstempelsteuer.** Sechste Auflage von Reg.-Assessor **P. Loeck.** 1897. 2 M.

6. **Reichs-Gewerbe-Ordnung** nebst Ausführungsbestimmungen. Von **T. Ph. Berger.** Unter besonderer Berücksichtigung der Bestimmungen über den Arbeiterschutz, die Organisation des Handwerks und das Lehrlingswesen fortgeführt von Dr. **Wilhelmi,** Geh. Ober-Regierungsrath. Fünfzehnte vermehrte Auflage. 2 M. 80 Pf.

7. Die deutsche **Post- und Telegraphen-Gesetzgebung.** Nebst dem Weltpostvertrag und dem internationalen Telegraphenvertrag. Von Dr. **P. D. Fischer,** Unterstaatssekretär im Reichs-Postamt. Vierte Auflage. 1895. 2 M. 60 Pf.

8. Die Reichsgesetze über den **Unterstützungswohnsitz** in der Fassung der Novelle vom 12. März 1894 die **Freizügigkeit,** den **Erwerb** und **Verlust** der

Bundes- und Staatsangehörigkeit, nebst allen landesgesetzlichen Bestimmungen. Von Geheimrath Dr. **J. Krech,** Mitglied des Bundesamtes für das Heimathwesen. Vierte Auflage. 2 M. 25 Pf.

9a. **Sammlung kleinerer privatrechtlicher Reichsgesetze.** Von **F. Vierhaus,** Geh. Ober-Justizrath. Zweite Auflage in Vorbereitung.

9b. **Sammlung kleinerer strafrechtlicher Reichsgesetze.** Von **M. Werner,** Geh. Ober-Regierungsrath. Zweite Auflage im Druck.

10. **Das Reichsbeamtengesetz** vom 31. März 1873 und seine Ergänzungen. Erläutert von **J. Pieper,** Geh. Ober-Regierungsrath. 3 M. 30 Pf.

11. **Civilprozeßordnung mit Einführungsgesetzen,** Nebengesetzen und Ergänzungen. In der Fassung des Gesetzes vom 17. Mai 1898. Unter besonderer Berücksichtigung der Entscheidungen des Reichsgerichts herausgegeben mit Anmerkungen von **R. Sydow,** Direktor im Reichs-Postamt und **L. Busch,** Kammergerichtsrath. Achte Auflage. 8°. Geb. in ganz Leinen 4 M.

Dieser Band ist in größerem Format erschienen!

12. **Strafprozeßordnung und Gerichtsverfassungsgesetz** in der vom 1. Januar 1900 ab geltenden Fassung, **nebst dem Gesetz, betreffend die Entschädigung der im Wiederaufnahmeverfahren freigesprochenen Personen.** Von **A. Hellweg,** Reichsgerichtsrath. Zehnte Auflage. Geb. in ganz Leinen 2 M.

13. **Konkursordnung und Anfechtungsgesetz mit Einführungs- und Nebengesetzen.** In der Fassung der Gesetze vom 17. Mai 1898. Unter besonderer Berücksichtigung der Entscheidungen des Reichsgerichts herausgegeben mit Anmerkungen von **R. Sydow,** Direktor im Reichs-Postamt und **L. Busch,** Kammergerichtsrath. Achte Auflage. Geb. in ganz Leinen 1 M. 80 Pf.

14. **Gerichtsverfassungsgesetz** mit Einführungsgesetz, Nebengesetzen und Ergänzungen. In der Fassung des Gesetzes vom 17. Mai 1898. Unter Berücksichtigung der Entscheidungen des Reichsgerichts herausgegeben von **R. Sydow,** Direktor im Reichs-Postamt und **L. Busch,** Kammergerichtsrath. Achte Auflage. 1 M. 20 Pf.

15. **Das deutsche Gerichtskostengesetz nebst den Gebührenordnungen für Gerichtsvollzieher, Zeugen und Sachverständige.** In der Fassung vom 20. Mai 1898. Unter besonderer Berücksichtigung der Entscheidungen

des Reichsgerichtes herausgegeben mit Anmerkungen und Kostentabellen von **R. Sydow,** Direktor im Reichspostamt und **L. Busch,** Kammergerichtsrath. Sechste vermehrte Auflage. Geb. in ganz Leinen 1 M. 50 Pf.

16. **Rechtsanwaltsordnung.** Von **R. Sydow,** Direktor im Reichspostamt. Vierte, völlig umgearbeitete Auflage von Dr. **E. Mosler,** Gerichtsassessor. Geb. in ganz Leinen ca. 1 M.

17. **Die Deutsche Gebührenordnung für Rechtsanwälte und das Preußische Gebührengesetz** vom 27. September/6. Oktober 1899. Von **R. Sydow,** Direktor im Reichspostamt und **L. Busch,** Kammergerichtsrath. Sechste Auflage. Geb. in ganz Leinen 1 M. 50 Pf.

18. **Reichsstempelgesetz (Börsensteuergesetz)** mit allen Ausführungsvorschriften, vielen Tabellen, den Entscheidungen der Verwaltungsbehörden und des Reichsgerichts. Von **Gaupp,** Geh. Regierungsrath. Achte Auflage von **P. Loeck,** Regierungs-Assessor. Im Druck.

19. **Die Seegesetzgebung** des Deutschen Reiches. Nebst den Entscheidungen des Reichsoberhandelsgerichts, des Reichsgerichts und der Seeämter. Von Dr. **W. E. Knitschky,** Landgerichtsrath. Zweite Auflage. 3 M. 80 Pf.

20. **Krankenversicherungsgesetz** vom 15. Juni 1883 in der Fassung der Novelle vom 10. April 1892. Von Dr. **E. von Woedtke**, Direktor im Reichsamt des Innern. Siebente Auflage. 2 M.

21. **Die Konsulargesetzgebung** des Deutschen Reiches. Von Professor Dr. **Ph. Zorn.** Vergriffen.

22a. **Patentgesetz. Gesetz, betreffend den Schutz von Gebrauchsmustern. Gesetz, betreffend das Urheberrecht an Mustern und Modellen.** Nebst Ausführungsbestimmungen unter eingehender Berücksichtigung der Rechtsprechung des Reichsgerichts und der Praxis des Patentamts. Erläutert von Dr. **R. Stephan,** Regierungsrath, Mitglied des Kaiserlichen Patentamts. Fünfte vermehrte Auflage. Geb. in ganz Leinen 2 M.

22b. **Gesetz zum Schutz der Waarenbezeichnungen.** Nebst Ausführungsbestimmungen. Von Dr. **R. Stephan,** Regierungsrath, Mitglied des Kaiserlichen Patentamts. Vierte vermehrte Auflage. 1 M.

23. **Gewerbe-Unfallversicherungsgesetz** und Gesetz, betr. die Abänderung der Unfallversicherungsgesetze vom 30. Juni 1900 in der Fassung der Bekanntmachung vom 5. Juli 1900 nebst Ausführungsverordnungen. Von Dr. **E. v. Woedtke,** Direktor im Reichsamt des Innern. Sechste umgearbeitete Auflage. Geb. in ganz Leinen ca. 2 M. 50 Pf.

24. **Aktiengesellschaft und Kommanditgesellschaften auf Aktien.** (Handelsgesetzbuch, II. Buch, Abschnitt 3 und 4.) Mit erläuternden Anmerkungen von **H. Keyssner,** Kammergerichtsrath und Dr. **H. Veit Simon,** Rechtsanwalt. Fünfte Auflage. Bearbeitet von Dr. **Hugo Keyssner u. L. Keyssner.** Geb. in ganz Leinen 2 M. 25 Pf.

25. **Reichsgesetz** wegen **Erhebung der Brausteuer** vom 31. Mai 1872 mit Ausführungsvorschriften. Von **E. Bertho,** Regierungsrath. 1885. 1 M. 60 Pf.

26. Die Reichsgesetzgebung über **Münz- und Notenbankwesen,** Papiergeld, Prämienpapiere und Reichsanleihen. Von Dr. jur. **R. Koch,** Präsident des Reichsbankdirektoriums. Dritte Auflage. 2 M. 80 Pf.

27. Die Gesetzgebung, betr. das **Gesundheitswesen** im Deutschen Reich für Behörden, Aerzte rc. Von Dr. jur. **C. Goesch** und Dr. med. **J. Karsten.** 1888. 1 M. 60 Pf.

28. **Bauunfallversicherungsgesetz.** In der Fassung der Bekanntmachung vom 5. Juli 1900. Unter Berücksichtigung der Rechtsprechung des Reichs-Versicherungsamts. Von **R. Chrzescinski,** Kaiserl. Regierungsrath. Dritte Auflage. Geb. in ganz Leinen ca. 2 M.

29. Reichsgesetz, betr. die **Erwerbs- und Wirthschaftsgenossenschaften.** In der vom 1. Januar 1900 ab geltenden Fassung. Von **L. Parisius** und **Dr. H. Crüger.** Achte Auflage. Geb. in ganz Leinen. 1 M. 50 Pf.

30. **Invalidenversicherungsgesetz** vom 13. Juli 1899, in der Fassung der Bekanntmachung vom 19. Juli 1899. Von Dr. **E. v. Woedtke,** Director im Reichsamt des Innern. Siebente erweiterte Auflage. Geb. in ganz Leinen 2 M. 50 Pf.

31. Reichsgesetz, betr. die **Gewerbegerichte.** Von **L. Mugdan.** Vierte Auflage. Bearbeitet von **Cuno,** Stadtrath und stellvertretender Vorsitzender des Gewerbegerichts zu Königsberg i. Pr. 1 M. 80 Pf.

32. Reichsgesetz, betr. die **Gesellschaften mit beschränkter Haftung.** In der vom 1. Januar 1900 ab geltenden Fassung. Von **L. Parisius** und Dr. **H. Crüger.** Vierte vermehrte und verbesserte Auflage. 1 M.

33. **Das Vereins- und Versammlungsrecht** in Deutschland. Von Dr. **E. Ball,** Rechtsanwalt. 2 M. 25 Pf.

34. Reichsgesetz, betreffend die **Abzahlungsgeschäfte.** Vom 16. Mai 1894. Von **J. Hoffmann,** Geheimer Regierungsrath. 95 Pf.

35. **Die Reichs-Eisenbahngesetzgebung.** Von **W. Coermann,** Kaiserl. Amtsrichter. 1895. 2 M. 25 Pf.

36. Gesetze, betr. die **privatrechtlichen Verhältnisse der Binnenschiffahrt und der Flößerei.** Nach den Materialien erläutert von **H. Makower.** Unter Berücksichtigung der am 1. Januar 1900 in Kraft tretenden Reichsgesetze bearbeitet von **E. Löwe,** Landgerichtsrath. Zweite veränderte Auflage. 2 M.

37. **Gesetz zur Bekämpfung des unlauteren Wettbewerbes.** Vom 27. Mai 1896. Von Dr. **R. Stephan,** Regierungsrath. Zweite Auflage. 80 Pf.

38/39. **Bürgerliches Gesetzbuch nebst Einführungsgesetz.** In Verbindung mit Professor Dr. **André,** Amtsgerichtsrath **Greiff,** Amtsrichter **Ritgen,** Landgerichtsrath Dr. **Unzner,** s. Z. Schriftführer bei der Kommission für die zweite Lesung des Entwurfs eines Bürgerlichen Gesetzbuchs, herausgegeben von Reichsgerichtsrath Dr. **A. Achilles,** s. Z. Kommissar des Reichs-Justizamts bei derselben Kommission. Zweite vermehrte Auflage. 8°. Geb. in ganz Leinen. 5 M. 50 Pf.

Dieser Band ist in größerem Format erschienen!

40. Gesetz, betr. die **Pflichten der Kaufleute bei Aufbewahrung fremder Werthpapiere (Depotgesetz).**

Vom 5. Juli 1896. Mit Erläuterungen, Einleitung und Sachregister. Von **F. Lusensky,** Geh. Regierungsrath. 90 Pf.

41. **Börsengesetz.** Vom 22. Juni 1896. Nebst den dazu erlassenen Ausführungsbestimmungen. Unter Mitwirkung des Geh. Ober-Regierungsrathes **A. Wermuth** bearbeitet von **H. Brendel,** Gerichts-Assessor, Hülfsarbeiter im Reichsamt des Innern. 1 M. 50 Pf.

42. **Grundbuchordnung** für das Deutsche Reich nebst den preußischen Ausführungsbestimmungen. Mit Einleitung von Professor Dr. **O. Fischer.** Zweite Auflage. Geb. in ganz Leinen 1 M. 80 Pf.

43. Die Gesetzgebung, betr. die **Zwangsvollstreckung in das unbewegliche Vermögen** im Reiche und in Preußen. Text-Ausgabe mit Einleitung, Anmerkungen, Kosten- und Gebührentabellen und Sachregister. Von Dr. **J. Krech,** Kaiserl. Geh. Regierungsrath und Professor Dr. **O. Fischer.** Dritte Auflage. Geb. in ganz Leinen 2 M.

44. Das Reichsgesetz über das **Auswanderungswesen** vom 9. Juni 1897 nebst Ausführungsverordnungen und Anlagen. Nach den Materialien und unter Benutzung amtlicher Quellen erläutert von Professor Dr. **Felix Stoerk.** 2 M. 25 Pf.

45. **Das Entmündigungsrecht** unter Berücksichtigung der für Preußen geltenden Vorschriften nebst der preußischen Justiz-Ministerial-Verfügung vom 28. November 1899. Text der civil- und prozeßrechtlichen Bestimmungen mit Erläuterungen von Landgerichtsrath Dr. **P. Koll** in Cöln. Geb. in ganz Leinen 1 M. 50 Pf.

46. Die Gesetze des Reiches und Preußens über die **freiwillige Gerichtsbarkeit.** Mit Einleitung von **Herm. Jastrow,** Amtsgerichtsrath. Zweite, erweiterte Auflage. Geb. in ganz Leinen 2 M. 80 Pf.

47. Das **deutsche Vormundschaftsrecht** und das preuß. Gesetz, betr. die Unterbringung verwahrloster Kinder, vom 13. März 1878 nebst den dazu gehörigen preußischen Nebengesetzen und allgemeinen Verfügungen. Mit Einleitung und Erläuterungen von **Max Schultzenstein,** Oberverwaltungsgerichtsrath und Amtsgerichtsrath Dr. **Paul Köhne.** 2 M. 80 Pf.

48. Gesetze und Verordnungen, betreffend den **Drogen-, Gift- und Farbenhandel** außerhalb der Apotheken, unter besonderer Berücksichtigung des Königreichs Preußen. Von Dr. **Broh,** Rechtsanwalt. 1 M. 25 Pf.

49. Die **Kolonialgesetzgebung.** Von Prof. Dr. **Philipp Zorn.** Im Druck.

50. **Der Viehkauf** (Viehgewährschaft) nach dem Bürgerlichen Gesetzbuche. Mit Erläuterungen und Sachregister von Dr. **Hans Stölzle,** Rechtsanwalt in Kempten (Bayern). Nebst einem Anhang: Verordnung, betreffend die Hauptmängel und Gewährsfristen beim Viehhandel. Vom 27. März 1899. Erläutert von **Heinrich Weiskopf,** Königl. Kreisthierarzt in Augsburg. Zweite Auflage. Geb. in ganz Leinen 2 M.

51. **Hypothekenbankgesetz** vom 13. Juli 1899. Von Dr. **H. Göppert,** Gerichts-Assessor. Geb. in ganz Leinen 1 M. 80 Pf.

52. Gesetz, betreffend die gemeinsamen **Rechte der Besitzer von Schuldverschreibungen.** Vom 4. Dezember 1899. Von Dr. **Heinrich Göppert,** Gerichts-Assessor. Geb. in ganz Leinen 2 M.

53. **Reichspreßgesetz** vom 7. Mai 1874 nebst den einschlägigen Bestimmungen des Reichsstrafgesetzbuchs, der Gewerbeordnung u. s. w. Kommentar von **A. Born,** Polizeiassessor. Geb. in ganz Leinen 1 M. 50 Pf.

54. Die Reichsgesetzgebung über den Verkehr mit **Nahrungsmitteln, Genußmitteln** und **Gebrauchsgegenständen.** Von Dr. **Lebbin,** Nahrungsmittelchemiker. Geb. in ganz Leinen 2 M. 25 Pf.

55. Das Recht der **Beschlagnahme von Lohn- und Gehaltsforderungen.** Auf Grundlage der Reichsgesetze vom 21. Juni 1869 u. 29. März 1897 und der Civilprozeßordnung. Von Rechtsanwalt **Georg Meyer.** Geb. in ganz Leinen 1 M. 50 Pf.

56. Gesetz, betr. die **Bekämpfung gemeingefährlicher Krankheiten.** Vom 30. Juni 1900. Von Geh. Regierungsrath Dr. **Burkhardt.** Geb. in ganz Leinen. Im Druck.

Guttentag'sche Sammlung Preußischer Gesetze.

Text-Ausgaben mit Anmerkungen. Taschenformat.

1. Die **Verfassungs-Urkunde** für den Preußischen Staat nebst Ergänzungs- und Ausführungs-Gesetzen. Mit Einleitung und vollständigem Kommentar von Prof. Dr. **Adolf Arndt.** Vierte, gänzlich umgearbeitete und verbesserte Auflage. Geb. in ganz Leinen ca. 2 M. 50 Pf.

2. Preußische **Beamten-Gesetzgebung.** Enthaltend die wichtigsten Beamtengesetze in Preußen. Von **C. Pfafferoth.** Dritte Auflage. 1 M. 50 Pf.

3. Die Preuß. Gesetzgebung, betr. die **Zwangsvollstreckung in das unbewegliche Vermögen.** Von Dr. **J. Krech,** Kais. Geh. Regierungs-Rath und Prof. Dr. **O. Fischer.** Dritte Auflage. Vergriffen.
   Siehe: Reichsgesetze Nr. 43.

4. **Gebührenordnung** für **Notare** vom 25. Juni 1895 in der Fassung der Bekanntmachung vom 6. Oktober 1899 nebst den einschlägigen Vorschriften des Preußischen Gerichtskostengesetzes. Von **R. Sydow,** Direktor im Reichspostamt. Zweite Auflage bearbeitet von Dr. **E. Mosler,** Gerichtsassessor. Geb. in ganz Leinen. 1 M. 50 Pf.

5. **Gesetz vom 24. April 1854 (betr. die außereheliche Schwängerung)** und die daneben geltenden Bestimmungen des Allgemeinen Landrechts nebst nebst dazu ergangenen Präjudikaten. Von Dr. **Schulze.** 75 Pf.

6. Die Preußischen **Ausführungsgesetze und Verordnungen zu den Reichs-Justizgesetzen.** Von **R. Sydow.** Dritte vermehrte Auflage. 2 M. 40 Pf.

7. **Allg. Gerichtsordnung** vom 6. Juli 1793 und Preuß. **Konkursordnung** vom 8. Mai 1885. Von **F. Vierhaus,** Geh. Ober-Justizrath. **Vergriffen.**

8. **Vormundschaftsordnung** vom 5. Juli 1875, nebst allen Nebengesetzen und den dazu erlassenen Allgemeinen Verfügungen. Von Oberverwaltungsgerichtsrath **Schultzenstein.** Dritte Auflage. 1 M. 50 Pf. Siehe: Reichsgesetze Nr. 47.

9. Die Preußische **Grundbuchgesetzgebung.** Mit Einleitung, Formularen, Kosten- und Stempeltabellen. Von Prof. Dr. **Fischer.** Dritte Auflage. Vergriffen. Siehe: Reichsgesetze Nr. 42.

10. **Einkommensteuergesetz.** Vom 24. Juni 1891. Von Geheimrath **Meitzen.** Vierte vermehrte Auflage von **A. Fernow,** Ober-Regierungsrath. 1 M. 50 Pf.

11. **Gewerbesteuergesetz.** Vom 24. Juni 1891. Von **A. Fernow,** Ober-Regierungsrath. Dritte vermehrte Auflage. 1 M. 25 Pf.

12. **Allgemeines Berggesetz** für die preußischen Staaten. Vom 24. Juni 1865, und die auf dasselbe bezüglichen Gesetze und Verordnungen. Von **E. Engels,** Ober-Bergrath. Zweite Auflage. 1 M. 60 Pf.

13. **Ergänzungssteuergesetz** (Vermögenssteuergesetz). Vom 14. Juli 1893. Von **A. Fernow,** Ober-Regierungsrath. Zweite vermehrte Auflage. 1 M.

14. **Kommunalabgabengesetz.** Vom 14. Juli 1893 und Gesetz wegen Aufhebung direkter Staatssteuern. Vom 14. Juli 1893. Von **F. Adickes,** Oberbürgermeister. Zweite Auflage. 1 M. 25 Pf.

15. Die **Kreisordnungen** für den Preußischen Staat. Von **O. Kolisch,** Landgerichtsrath. 1894. 4 M.

16. Preuß. Ausführungs-Anweisung zu §§. 16 u. ff. der Reichs-Gewerbe-Ordnung, betr. **Genehmigung gewerblicher Anlagen.** Von Dr. **von Rüdiger,** Regierungs- und Gewerberath. 1895. 1 M. 50 Pf.

17. Preußisches **Gerichtskostengesetz.** Vom 25. Juni 1895. In der Fassung der Bekanntmachung vom 6. Oktober 1899. Mit Kostentabellen. Von Dr. **P. Siméon,** Landrichter. Dritte Auflage. Geb. in ganz Leinen 1 M. 80 Pf.

18. Preußisches **Stempelsteuergesetz.** Vom 31. Juli 1895. Nebst den Entscheidungen des Reichsgerichts und Erlassen der Verwaltungsbehörden und ausführlichen Tabellen. Von **B. Gaupp,** Geh. Regierungsrath und Regierungsassessor **P. Loeck.** Vierte Auflage. 3 M. 30 Pf.

19. **Das Jagdscheingesetz** vom 31. Juli 1895. Mit ausführlichen Erläuterungen nebst der Ausführungsverfügung vom 2. August 1898 und den Gesetzgebungsmaterialien. Von **F. Kunze,** Wirklichem Geh. Ober-Regierungsrath. Zweite Auflage. Geb. in ganz Leinen 2 M.

20. Gesetz, betr. die **Erbschaftssteuer.** Vom 19./24. Mai 1891 unter Berücksichtigung der Novelle vom 31. Juli 1895. Mit ausführlichen Erläuterungen von **P. Loeck,** Regierungsassessor. 1 M. 80 Pf.

21. Gesetz über die **Handelskammern.** Vom 19. August 1897. Mit Erläuterungen, geschichtlicher Einleitung sowie einer Uebersicht des Bestandes der kaufmännischen Vertretungen. Von **F. Lusensky,** Geh. Regierungsrath und vortragender Rath im Ministerium für Handel und Gewerbe. 3 M.

22. Gesetz, betr. **Anstellung und Versorgung der Kommunalbeamten.** Vom 30. Juli 1899. Mit einem Anhang, enthaltend die preußische Ausführungsanweisung. Von Dr. **W. Ledermann,** Magistratsassessor zu Berlin. 1 M. 25 Pf.

23. **Ausführungsgesetz zum Bürgerlichen Gesetzbuche** vom 20. September 1899. Von Landrichter Dr. **P. Siméon.** Geb. in ganz Leinen 1 M. 60 Pf.

24. Die **Hinterlegungsordnung** vom 14. März 1879 in der Fassung des preußischen Ausführungsgesetzes zum Bürgerlichen Gesetzbuch vom 20. September 1899. Nebst Ausführungsbestimmungen. Unter Benutzung der amtlichen Entscheidungen und Erlasse des Finanzministers. Von Regierungsassessor Dr. **Georg Bartels.** Geb. in ganz Leinen 1 M. 50 Pf.

25. **Preußisches Kommunalbeamtenrecht**, enthaltend die wichtigsten Bestimmungen über die Rechtsverhältnisse der Beamten der preußischen Landgemeinden, Landbürgermeistereien, Aemter, Amtsbezirke, Städte, Kreise, Bezirksverbände, Provinzen sowie der Gemeindeforstbeamten mit Ausschluß der Kommunalbeamten der Hohenzollernschen Lande. Text-Ausgabe mit kurzen Anmerkungen, einem chronologischen Verzeichniß der abgedruckten Gesetze, Verordnungen und sonstigen Bestimmungen. Von Magistratsassessor Dr. jur. **Krempski.** Im Druck.

26. Die **Preußischen Gesetze** über das **Diensteinkommen der Lehrer und Lehrerinnen, ihren Ruhegehalt und die Fürsorge für ihre Hinterbliebenen** nebst den zugehörigen Ausführungsbestimmungen, sonstigen Ministerialerlassen und den wichtigsten einschlägigen Gesetzen sowie einer Tabelle zur Berechnung der Ruhegehalts-, Wittwen- und Waisenbezüge. Text-Ausgabe mit Einleitung, Anmerkungen und Sachregister von Dr. **Ed. Cremer,** Beigeordneter. Geb. in ganz Leinen. Im Druck.

27. Gesetz, betreffend die **Waarenhaussteuer.** Vom 18. Juli 1900. Von Geh. Ober-Finanzrath Dr. **G. Strutz.** Geb. in ganz Leinen 1 M. 20 Pf.

Guttentag'sche Sammlung von
Text-Ausgaben mit Sachregister ohne Anmerkungen.
Taschenformat, elegant in Leinen gebunden.

Reichs-Justizgesetze:

Gerichtsverfassungsgesetz.
Civilprozeßordnung. Konkursordnung.
Strafprozeßordnung.

In einem Bande gebunden 3 M. 80 Pf.

Civilprozeßordnung mit Gerichtsverfassungsgesetz und Einführungsgesetzen. In der Fassung der auf Grund des Gesetzes vom 17. Mai 1898 erfolgten Bekanntmachung vom 20. Mai 1898. 2 M.

Konkursordnung mit Einführungsgesetz. In der Fassung der Bekanntmachung v. 20. Mai 1898. 80 Pf.

Strafprozeßordnung für das Deutsche Reich nebst Einführungsgesetz. 1 M. 20 Pf.

Guttentag'sche Sammlung von Text-Ausgaben mit Sachregister ohne Anmerkungen.

Bürgerliches Gesetzbuch nebst **Einführungsgesetz.** Vom 18. August 1896. Nebst ausführlichem Wort- und Sachregister bearbeitet von Oberamtsrichter **Jatzow.** 2 M. 50 Pf.

Handelsgesetzbuch nebst **Einführungsgesetz.** Vom 10. Mai 1897. 1 M. 80 Pf.

Gesetz, betr. die **Abänderung der Gewerbeordnung** (Neues Handwerkergesetz). Vom 26. Juli 1897. 90 Pf.

Militärstrafgerichtsordnung für das Deutsche Reich, nebst **Einführungsgesetz** und **Gesetz,** betr. die Dienstvergehen der richterlichen Militärjustizbeamten und die unfreiwillige Versetzung derselben in eine andere Stelle oder in den Ruhestand. Vom 1. Dezember 1898. 1 M. 50 Pf.

Die Preußischen Ausführungsgesetze zum Bürgerlichen Gesetzbuche, zum Gesetz, betr. Aenderung der Civilprozeßordnung vom 17. Mai 1898, zum Gesetz über die Zwangsversteigerung und die Zwangsverwaltung, zur Grundbuchordnung und zum Handelsgesetzbuch. Preuß. Gesetz über die freiwillige Gerichtsbarkeit und Gesetz, enthaltend die landesgesetzlichen Vorschriften über die Gebühren der Rechtsanwälte und der Gerichtsvollzieher. Fünfte Auflage. 1 M. 80 Pf.

Reichsstempelgesetz (Börsensteuergesetz) in der Fassung der Bekanntmachung vom 14. Juni 1900. Mit Ausführungsbestimmungen, einem Anhang, enthaltend Tabellen zur Berechnung der Reichsstempelabgaben und Sachregister. 1 M. 50 Pf.

Bürgerliches Gesetzbuch
nebst
Einführungsgesetz.

Für Preußen zusammengestellt unter Einfügung der sämmtlichen preußischen Ausführungsbestimmungen.

Text-Ausgabe mit ausführlichem Sachregister bearbeitet von

Dr. Paul Winter,
Landrichter.

8°. In Leinen geb. Preis 5 M.

Die Preußischen Ausführungsgesetze
zum
Bürgerlichen Gesetzbuche
und den anderen Reichs-Justizgesetzen
nebst den zugehörigen

Verordnungen, Ministerialerlassen und Geschäftsordnungen.

Text-Ausgabe mit ausführlichem Sachregister nach Materien geordnet unter Anleitung von

L. Busch,
Kammergerichtsrath.

8°. In Leinen geb. Preis ca. 6 M.

Preußische Gesetzsammlung.

Vollständige Sammlung
der noch geltenden Preußischen Landesgesetze
privatrechtlichen Inhalts.

Herausgegeben
von

D. Fischer, Gerichtsassessor und **Dr. F. Schröder,** Gerichtsassessor.

8°. 2 Bände. Geb. in ganz Leinen. Preis ca. 15 Mark.

Das Buch will ein Handbuch für den preußischen Praktiker sein, und eine Ergänzung zu den gebräuchlichen Handausgaben des B.G.B. bilden. Es bringt das Allgemeine Landrecht in seiner jetzt geltenden Gestalt vollständig, ferner in chronologischer Reihenfolge sämmtliche noch geltenden Landesgesetze privatrechtlichen Inhalts für das Gebiet des Allgemeinen Landrechts und für die übrigen Landestheile seit ihrer Zugehörigkeit zu Preußen. Um den Ueberblick über eine Materie zu erleichtern, wird dem Buch eine Nachweisung der durch die einzelnen Vorbehalte des E.G. zum B.G.B. erhaltenen Gesetze beigegeben und in Anmerkungen bei jedem einzelnen Gesetz auf die übrigen Gesetze derselben Materie verwiesen. Bei jeder gesetzlichen Bestimmung wird angegeben, weshalb sie als aufrecht erhalten zu gelten hat.

Das Werk wird in 2 Bänden zur Ausgabe gelangen, von denen der erste das „Allgemeine Landrecht“ umfassen und im Laufe des Sommers erscheinen wird.

Adickes, F., Oberbürgermeister in Frankfurt a. M. Das Kommunalabgabengesetz vom 14. Juli 1893. Für den praktischen Gebrauch mit einer geschichtlichen Einleitung und Erläuterungen versehen, sowie mit einem die Ausführungsanweisung berücksichtigenden Nachtrag. 8°. Kartonnirt 6 M.

Arndt, Dr. Adolf, Oberbergrath und Prof. Verfassung des Deutschen Reichs. Mit Einleitung und Kommentar. 8°. Kartonnirt 3 M.

Friedrichs, K., Oberverwaltungsgerichtsrath. Das Gesetz betreffend die Anlegung und Veränderung von Straßen und Plätzen in Städten und ländlichen Ortschaften vom 2. Juli 1875. Nach dem Tode des Verfassers in vierter Auflage bearbeitet von Dr. jur. **Hugo von Strauß-Torney,** Oberverwaltungsgerichtsrath. 8°. Geb. 4 M. 50 Pf.

Genzmer, St., Landrath. Das Reichs-Haftpflicht-Gesetz betreffend die Verbindlichkeit zum Schadenersatz für die bei dem Betriebe von Eisenbahnen, Bergwerken, Steinbrüchen, Gräbereien und Fabriken herbeigeführten Tödtungen und Körperverletzungen vom 7. Juni 1871 aus der Rechtslehre und Rechtsprechung erläutert. 1882. 8°. Kart. 2 M. 80 Pf.

Hauß, C., Geh. Ober-Reg.-Rath. Das Gesetz zur Bekämpfung des unlauteren Wettbewerbes. Vom 27. Mai 1896. Für die gerichtliche und gewerbliche Praxis erläutert. 8°. Geb. in Leinen 3 M.

Holtgreven, Dr. A., Geh. Ober-Justizrath und vortragender Rath im Justizministerium. Das Wildschadengesetz vom 11. Juli 1891. Kommentar. Dritte Auflage. 8°. Kartonnirt 3 M.

Jerusalem, Herm., Landgerichtsrath, Mitglied des Hauses der Abgeordneten. Das Gesetz über Kleinbahnen und Privatanschlußbahnen vom 28. Juli 1892 nebst der Ausführungsanweisung zu diesem Gesetze vom 22. August 1892. gr. 8°. 2 M.

Kamptz, B. v., Verwaltungsgerichtsdirektor. Das Gesetz, betreffend die Vertheilung der öffentlichen Lasten bei Grundstückstheilungen und die Gründung neuer Ansiedelungen in den Provinzen Preußen, Brandenburg, Pommern, Posen, Schlesien, Sachsen und Westfalen vom 25. August 1876. Aus den Materialien und der Rechtsprechung des Königlichen Oberverwaltungsgerichts erläutert. 8°. Kartonnirt 2 M. 50 Pf.

Koch, Georg, Hauptmann a. D. Gesetz, betreffend die Prüfung der Läufe und Verschlüsse der Handfeuerwaffen vom 19. Mai 1891 nebst den Ausführungsbestimmungen des Bundesrathes vom 22. Juni 1892. Text-Ausgabe mit historischer Einleitung und Anmerkungen unter vergleichender Berücksichtigung der bezüglichen Gesetzgebung von England, Belgien, Frankreich und Oesterreich. 8°. Kartonnirt 1 M. 50 Pf.

Königs, H., Landgerichtsrath, Vorsitzender der Kammer I für Handelssachen am Landgericht Mannheim. Handelsgesetzbuch vom 10. Mai 1897 nebst Abdruck des Gesetzes über die Angelegenheiten der freiwilligen Gerichtsbarkeit und Gerichtsverfassungsgesetz (Titel 7, Kammern für Handelssachen). Verglichen mit dem Allgemeinen Deutschen Handelsgesetzbuch, dem Bürgerlichen Gesetzbuch und der Rechtsprechung des Reichsgerichts und Reichs-Oberhandelsgerichts. Zu praktischem Gebrauch dargestellt. 8°. Geb. in ganz Leinen 4 M. 50 Pf.

Marquardsen, Dr. H., o. Professor der Rechte in Erlangen, Mitglied des Reichstages. Das Reichs-Preß-Gesetz vom 7. Mai 1874. Mit Einleitung und Kommentar. 1875. 8°. Kartonnirt 5 M.

Ottermann, Carl, Stadtrath in Dortmund. Das Fluchtliniengesetz vom 2. Juli 1875. Erläuternde Abhandlung zu den Hauptbestimmungen desselben. 8°. 1 M. 25 Pf.

Pfafferoth, Carl, Geh. Kanzleirath. Die gesammten Organisationsgesetze für die innere Verwaltung des Preußischen Staates. Text-Ausgabe mit Anmerkungen, einem die einschlägigen sonstigen Gesetze, Verordnungen, Regulative und Zirkulare enthaltenden Anhang und einem ausführlichen Sachregister. Zweite neubearbeitete Auflage. 8°. 6 M., geb. 6 M. 50 Pf.

Telegraphenwege-Gesetz vom 18. Dezember 1899 nebst den vom Reichskanzler erlassenen Ausführungsbestimmungen vom 26. Januar 1900 und den Erläuterungen und Ausführungsanweisungen des Reichs-Postamts. Amtliche Ausgabe. 8°. Geb. in Leinen 1 M.

Turnau, W., Reichsgerichtsrath. Die Schiedsmanns-Ordnung vom 29. März 1879, mit Ergänzungen und Erläuterungen. 8°. Geb. in Leinen 3 M. 60 Pf.

Wittenberg, Dr. M., Dozent an der Humboldt-Akademie. Wegweiser durch das Aktienrecht, nach dem Wortlaut der seit dem 1. Januar 1900 gültigen Reichsgesetze. Taschenformat. Geb. in Leinen 1 M.

Schlagwort-Register.

R. = Nummer der Sammlung Deutscher **Reichsgesetze**.
P. = Nummer der Sammlung **Preußischer** Gesetze.
S. = Seite.

MIX
Papier | Fördert gute Waldnutzung
FSC® C083411

Kolibri 360 GmbH
Ferdinand-Jühlke-Straße 7
99095 Erfurt, Deutschland
produktsicherheit@kolibri360.de